Alfred Munz · Der Prediger von O.

A L F R E D   M U N Z

———————

Der Prediger von O.

Die Geschichte des Schmiedjungen Johann Jakob

Eine Erzählung
aus den Tagen von Philipp Matthäus Hahn

Ernst Franz Verlag Metzingen/Württ.

Die Deutsche Bibliothek – CIP-Einheitsaufnahme
Munz, Alfred:
Der Prediger von O. : die Geschichte des Schmiedjungen Johann
Jakob - eine Erzählung aus den Tagen von Philipp Matthäus Hahn /
Alfred Munz. - Metzingen : Franz, 2001
ISBN 3-7722-0302-7
Copyright Ernst Franz Verlag, 2001
Alle Rechte vorbehalten
Umschlaggestaltung: Grafisches Atelier Arnold, Dettingen
Herstellung: Heinzelmann Druck-Service, Metzingen
Printed in Germany

INHALT

cit. Sützoph'ten
27. febr 1772

In'n Dec. comit. d. 19 febr.
1772.

Zum Herzoglichen Ober Amt
und Decanat Taflingen.

Die Spur

Es war in den achtziger Jahren, als man sich im Württembergischen des Pfarrers und Ingenieurs Philipp Matthäus Hahn erinnerte, denn es jährten sich dessen 250. Geburtstag und sein 200. Todestag. Der Chronist hatte sich seit längerem mit ihm befaßt und war nun gebeten worden, Vorbereitungen für die Jubiläumsveranstaltungen in der Stadt zu treffen und ein Museum einzurichten. Das war eine ebenso umfangreiche wie zeitaufwendige und abenteuerliche Angelegenheit, denn er geriet je länger je mehr in einen Informationsfluß, in dem nicht nur allerlei Ratschläge und Hinweise auf Ausstellungsstücke herantrieben, sondern auch Nebensächliches und Seltsames.

So gelangte eines Tages, der Chronist weiß nicht mehr von wem und woher, ein Zeitungsartikel zu ihm, dessen Überschrift in die Augen stach: »Der Prophet von O.« Der Chronist dachte zuerst: Nanu, sollte da Philipp Matthäus Hahn gemeint sein? Oder handelte es sich um ein Dorforiginal, eine Dorfschnurre oder gar ein Narrenwerk?

Nun ist »Prophet« ein starkes Wort, und was mitgeteilt wurde, war ein starkes Stück. Der Zeitungsartikel war am 15. Dezember 1934 in der Beilage des Balinger Kreisblattes »Der Wille« erschienen, und mehr und mehr wurde dem Chronisten deutlich, daß er auf ein zeichenhaftes Geschehen gestoßen war – und las und wurde angerührt, und las und legte doch das angegilbte Papier zu anderen, in denen Dorfbegebenheiten festgehalten sind, denn er hatte, weiß Gott, anderes zu tun und konnte sich nicht auf abseits führende Pfade begeben. Aber er hatte nun von einem Johann Jakob vernommen, ohne zu ahnen, was damit alles zusammenhing. Irgendwo aber, im Dunkel des Halbbewußten, war gespeichert, daß er eine seltsame Spur gesehen hatte.

Vielleicht ein Jahr später stieß der Chronist in den Tagebüchern des Pfarrers Philipp Matthäus Hahn auf den Namen Johann Jakob, und da dämmerte ihm, daß hier der »Prophet von O.« gemeint sein mußte. Der wurde von Hahn als »Bub von O.« bezeichnet, aber der Chronist konnte sich wegen beruflicher Tätigkeit und den Vorbereitungen für die Hahn-Jubiläen keine weitere Arbeit zumuten. Wieder aber hatte ihn das Schicksal dieses Menschen berührt, und er ahnte, daß hier ein Leben in das Landesgeschehen eingewoben war, das auch mit dem Wirken des Pfarrers Hahn sehr eng zusammenhing und das, wenn es ein weiteres Licht auf die Zeit des Herzogs Karl Eugen werfen konnte, sehr wohl einer Nachforschung wert sein mochte.

Um nun der Geschichte aufzuhelfen, übersandte der Chronist Kopien seiner Unterlagen dem Kirchenarchiv und dachte: Irgend jemand von den dortigen Aktenforschern wird schon den Braten riechen, sich zu weiteren Nachforschungen entschließen oder doch Anregungen geben, um herauszubekommen, warum bei einem einfältig frommen Menschen, weit entfernt von Gelehrsamkeit und Stubendampf, ein merkwürdiges Schicksal seinen Lauf nahm. So dachte er, weil er selbst der Spur nicht folgen konnte. Es kam aber keinerlei Echo aus dem Archiv. Allerdings war die mannigfaltige Verflechtung des Falles Johann Jakob in das Zeitgeschehen und vor allem in das Wirken des geistesmächtigen Philipp Matthäus Hahn aus den damals bekannten Unterlagen noch nicht zu ersehen.

Dann eben nicht, sagte sich der Chronist, schob seine Unterlagen in eine Klarsichthülle und legte sie zu anderen in die Schublade. Nach Jahren aber begegnete er den Spuren des Johann Jakob zum drittenmal, und nun so nachhaltig, daß er die Unterlagen hervorsuchte und beschloß, sich an die Arbeit zu machen. Es war, als hätte ihn das Schicksal des Burschen nochmals mit weicher Pfote angerührt und gebeten, ihm ans Licht zu verhelfen.

Der Chronist war beim Durchstöbern von Amtsakten auf folgendes Schreiben gestoßen:

Balingen, den 11. Dezember 1771

Bericht des Oberamtmanns Lotter an den Herzoglichen Rat und das Konsistorium in Stuttgart

Durchlauchtigster Herzog, Gnädigster Herzog und Herr!
Das Gemeinschaftliche Oberamt erstattet untertänigst Bericht von einem 20jährigen Schmieds-Jungen von O., welcher, unter Vorgebung eines ihm an die Stirne von einer unsichtbaren oder höhern Macht gebrannten Zeichens sich unterstanden, am zweiten Advent durch einen auf dem Kirchhof daselbst gehaltenen Sermon[1] den schon angegangenen öffentlichen Sonntagsgottesdienst zu stören.
In der Mitte der vorigen Woche, als ich, der Oberamtmann, gerad Jahrgericht[2] in O. hielt, gab ohnversehens ein junger Bursch von 20 Jahren namens Johann Jakob, von Profession[3] ein Schmied, bei dem Vikar Seefels an, daß er unmittelbaren Befehl durch eine im hellen Mittag ihm erschienene Gestalt empfangen hätte, auf den Heiligen Sonntag des verwichenen[4] Advents zu predigen und vom Vikar begehrt, daß er ihm die gehörigen kirchlichen Kleider hiezu versprechen und ihn um 9 Uhr vormittags predigen lassen solle. Auf die mir, dem Oberamtmann, hiervon gemachte Anzeige nahm ich sofort den Johann Jakob vor und verhörte ihn, wie das hierüber geführte Protokoll des mehreren ergeben wird. Und ohnerachtet[5] ich dem Burschen sein ganzes Vorhaben mit allem Nachdruck auszureden suchte

[1] Predigt
[2] Gemeinde-Visitation
[3] Beruf
[4] vergangenen
[5] obwohl

9

und vor meiner am Samstag geschehenen Abreise von O. alle Be-
schwörung gebrauchte, daß auf den Sonntag durch Verüben
dieses Burschen keine Unlehre entstehen möchte, gab der Johann
Jakob nicht nur sein Beharren vor, er werde in der Samstag-
nacht über den Sonntag ein Zeichen an seine Stirn bekommen
zum Beweis, daß er unmittelbar Berufung zu predigen habe,
welche man ihm nicht verwehren solle, weil die, so es hindern
wollten, ihren Lohn bekommen werden, sondern es geschah auch
wirklich morgens um 6 Uhr, daß das Geschrei vor den Dorfvogt
kam, der Schmiedjung hab ein Zeichen auf seiner Stirn.
Als man nun nachsehen ließ, so zeigte sich ein gebrannter Kreis
mit sieben Strichen wie von einem Schmiedsinstrument, und der
Dorfvogt schickte deswegen einen Reiter auf Balingen, hievon
Nachricht zu geben. Ohnerachtet aber ich, der Oberamtmann,
aus Sorge der Unruhe, was Verwirrung in O. entstehen möch-
te, sofort nach O. reiste, so war doch von dem Bursch außer
Kirch¹ alles vorgenommen, was er sich in seiner Phantasie vor-
gesetzet² hatte. Ich, der Oberamtmann, habe bei meiner An-
kunft in O. alles sicher wieder in die Ordnung gebracht, auch
dem Dorfvogt und andern, die dem zugeschaut und Anstifter
zu viel geglaubt haben, die gehörigen Verweise gegeben. Es ist
nicht zu leugnen, daß der Zulauf von allen Enden und Orten,
von Leuten allerhand Religion enorm gewesen und dadurch
gewaltiger Verstoß verursacht worden.
Man hat nun den jung Johann Jakob hier in Verwahrung auf
dem Bürgerturm, teils, um auf gnädigen Befehl zu warten, was
mit dem Bursch vorzunehmen, teils aus nicht ungegründeter
Sorge, er möchte in O. neuen Anhang von mancherlei bigotten
und leichtgläubigen Leuten bekommen und dadurch allerlei
Zusammenrottungen und Glaubensspaltungen vor dem Auf-
zug³ des neuen Pfarrers entstehen.

¹ außerhalb der Kirche
² geplant
³ Dienstantritt

Was nun Euer Herzogliche Durchlaucht in dieser Angelegen-
heit zu entscheiden und zu befehlen geruhen werden, ist höchst
weisester und gerechtester Einsicht untertänigst anheim gestellt.
In profundester Ehrfurcht beharrend
Euer Oberamtmann Lotter.

Vom Balinger Dekan ist beigefügt: *Inmittelst hat der Johann*
Jakob vor mir in dem heutig vormittägig letzten Verhör, ob er
gleich schlechterdings wegen seines Malzeichens mit der Sprache
durchaus nicht heraus will, teils versprochen, daß er sein Lebtag
sich nicht mehr unterstehen werde, dergleichen Sachen zu un-
terfangen, wie er am Sonntag getan habe.

Der Johann Jakob! Nun war der Chronist am Haken und
konnte der Aufgabe nicht mehr entkommen. Indessen ver-
gingen Wochen, bis die ersten Blätter beschriftet waren. Der
Anfang, soviel weiß er noch, geschah an einem Tag, an dem
er in nachdenklicher Stimmung war, und wie aus einem Brun-
nen herauf kam ihm zu Sinn: Der Johann Jakob! Der Prophet!
Du hast nun lang genug an seinem Denken und Fühlen her-
umgetastet, kannst ihn in seinen Nöten verstehen und dich in
seine Welt hineinfinden, kannst ihn zu fassen bekommen und
ans Licht bringen! Er ist einer, der von höherer Macht angerührt wurde, mochte es mit der Erscheinung auf sich haben, was es wollte; der einen Auftrag erhielt, für den er, von
außen gesehen, denkbar ungeeignet war, und der sich auf-
machte, zu tun, was ihm befohlen war. Dem war aber das Predigen verboten worden und dessen Leben mußte, wie sich ab-
zeichnete, zu einer Predigt werden, einer Predigt für Nach-
geborene.
Wie aus einer Gefühlswolke heraus nahm der Chronist den
Auftrag an und folgte den Spuren, die zum Leben des ge-
quälten Jungen hinführten. Als erstes, und vielleicht auch,
weil es ihm einfach erschien, wollte er dem Weg nachgehen,
auf dem Johann Jakob die Erscheinung hatte. Vierzehn Tage

vor dem zweiten Advent, also Ende November 1771, mußte der seines Vaters »Kohlbrenner in dem Wald in den Dellen«, heute Kohldölle genannt, das Essen bringen, und da sei ihm die lichte Gestalt erschienen.

Es galt also, sich in jenen Tagen, wenn wieder einmal ein November zu Ende ging, auf den Weg zu machen, um Eindrücke zu sammeln, die der Johann Jakob von dem, was links und rechts am Weg und in der Luft war, bekommen haben konnte. Klar war, daß der Chronist trotzdem nicht würde beurteilen können, wie weit seine Eindrücke sich mit dem deckten, was Johann Jakob sah und empfand, denn der war damals ein junger Mensch, der Chronist aber ist im Lebensalter vorgeschritten. Auch hatte Johann Jakob wenig gelesen außer in der Bibel, in Gesangbuch und Schulbuch und vielleicht in dem und jenem Buch, das ihm der Pfarrer, es war übrigens Philipp Matthäus Hahn, ausgeliehen hatte, und deshalb fielen seine Eindrücke auf einen anderen Boden als beim Chronisten.

Was die Witterung anbelangte, so begegnete Johann Jakob die Erscheinung »am hellen Mittag«, was den Chronisten vermuten ließ, es sei kein grauer Novembertag gewesen, was sich aber als Irrtum herausstellte. Sicher war, daß Johann Jakob allein ging und daß einem grüblerischen Menschen bei solchen Gängen allerlei Gefühle und Gedanken aufwachen können. Der Chronist will deshalb versuchen, so empfindsam wie möglich den Weg mit den Augen des Johann Jakob zu begehen.

Der Weg

Heute, 27. November 1995, den Weg gegangen, auf dem Johann Jakob vor 224 Jahren dem Kohlenbrenner Johann Schäfer das Essen gebracht haben dürfte und auf dem ihn die Erscheinung überkam. Es war ein klarer Spätherbsttag; die Sonne schien auf einzelne Schneereste, die sich vom ersten Wintergestöber erhalten hatten. Im lichten Buchengeäst und auf den Tannenzweigen war nicht nur eine sanfte Bereitschaft zum Hinübergehen in die dunkle Jahreszeit spürbar, sondern auch ein Frühlingshoffen, eine Art Märzenstimmung. Vielleicht, so dachte der Chronist, ist das eine günstige Witterung für das Vorhaben, sich der »Erscheinung« des Johann Jakob zu nähern.

Dieser ließ am Schafhaus, damals wie heute das letzte Gebäude, ab dem es steil den Berg hinaufgeht, das Dorf hinter sich. Das auffallend lange, niedere Gebäude, mit Kalkbruchsteinen aufgemauert, an den Ecken mächtige, behauene Quadersteine, abgewalmtes Dach, ist durchaus geeignet, den Betrachter an vergangene Zeiten heranzuführen. Als der Chronist dort vorbei kam, war ihm, als würde er nicht nur das Dorf, sondern auch einen Zeitraum verlassen. Voraus war nun schweigsame Landschaft, und er war spürbar im Weiten. Ein neues Horchen und Sehen stellte sich ein; er hatte sich aus der Betriebsamkeit seines Alltags entfernt wie aus der Helle einer Zimmerlampe. Vor ihm, bergwärts, war nun eine Schaftrift ausgebreitet, die Grasnarbe von vielen Trippelfüßen zertreten. Wirr und nackt lagen Steine zutag. Die Trift zieht sich in einer Mulde den Hang hinauf und hat zur Seite Wacholderheide, aus der grau verwitterte, mit Flechten überzogene Felsen herausragen. Es geht so steil aufwärts, daß heute nicht mehr vorstellbar ist, wie da ein Weg emporgeführt haben soll.

13

Aber oben, der Hangkante zu, sind Fahrspuren in den Fels geschliffen, und auf alten Karten ist ein Weg eingezeichnet. Muß eine Schinderei gewesen sein, da hinaufzufahren, und abwärts war es, selbst bei leerem Wagen, gefährlich.

Oben angekommen – der Blick zurück. Aber unten sind nur noch ein paar Dächer zu sehen. Also vorwärts im leicht ansteigenden, flachen Wiesengrund, der allerdings nicht mehr von Bauern genutzt wird, dessen Gras aber von Schafen kurz gehalten ist. Hier war einst Allmende[1]. Zu beiden Seiten ansteigende Hügel: Wacholderheide mit einzelnen Nadelbäumen, kahle Buchen – eben das Einsame, das von solcher Landschaft ausgeht. Voraus nun junger Tannenwald, dann alte Buchen: der ehemalige Waldrand.

Hier ging Johann Jakob »im hellen Mittag«. Und wie mag er ausgesehen haben? Vielleicht steckte er in einem allerweltsgrauen Tuchkittel, hatte eine abgewetzte Lederhose an, Wollstrümpfe und schweres Schuhwerk, Hut auf dem Kopf und den Brotsack über die Schulter gehängt. Und was war für den Kohlenbrenner drin? Möglicherweise etwas zum Warmmachen in einem Blechgefäß oder irdenen Hafen, etwa eine Metzelsuppe mit Sauerkraut, vielleicht aber auch nur Brot und Rauchfleisch, dazu Most im Sutterkrug. Dem Köhler aber mußte das Essen gebracht werden, obwohl er keine Stunde weit vom Dorf entfernt war, weil er das schwelende Feuer nicht allein lassen durfte. Der Brotsack indessen beschwerte den zwanzigjährigen Schmiedburschen nicht allzusehr, und wenn er sich nicht in Tagträumen verlor, konnte er rüstig ausschreiten.

Der Chronist war auf dem Scheitelpunkt des Weges angekommen, der nun unter hohen Bäumen leicht abwärts führte. Auf der rechten Seite befand sich die Mulde mit der Flurbezeichnung »In Hülen«: fetter, tiefgründiger Boden, an auf-

[1] Gemeindeeigentum, vor allem Wiesen, die von allen Bauern genutzt werden durften

gewühlten Fahrzeugspuren abzulesen, auf dem zu des Johann Jakob Zeiten – und wie ein Gewährsmann aus dem Dorf sagte, bis in unser Jahrhundert herein – noch Wiesengelände war, in dem sich einstens eine Hüle befunden haben mußte: eine Wasseransammlung in einer Vertiefung, vielleicht einer Doline, mit schwerem Lehmboden aufgefüllt. Von all dem ist nichts mehr zu erkennen.

Nun, da der Chronist weiß, daß dem Johann Jakob hier irgendwo etwas Merkwürdiges, sein Leben Veränderndes begegnete, merkt er auf und weiß, daß er den Weg nie mehr unbefangen gehen kann: Immer wird er lauschen müssen, ob hier etwas anders ist als anderswo. Kann er etwas wahrnehmen? Er versucht, sich empfänglich zu machen für jenes, das über Sehen und Hören hinausgeht. Hier irgendwo ist einem bis dahin einfältigen Menschen etwas widerfahren, was sein Leben änderte. Hier hat sich ihm etwas zum Auftrag verdichtet, zum Wort Gottes, wie Johann Jakob überzeugt war. Vielleicht war es aber auch so, daß etwas ans Licht gelangte, das wie Wasser unterirdisch geflossen war und hier seinen Quelltopf hatte.

Wo geschah es? Kann ein heutiger Mensch, von pausenlos vorbeiflutenden Bildeindrücken ausgewaschen, noch so etwas wie eine Wünschelrute sein, die ausschlägt, wenn sie einen Ort betritt, wo einmal Geisteskräfte wirksam waren?

Der Chronist versucht beim Weitergehen das Eigenartige der Umgebung zu erfassen. Um ihn her ist nun Fichtenwald, der deshalb auffällt, weil einige Sonderlinge eingemischt sind: Birken, Lärchen, Douglasien, ein Riesenlebensbaum. Auf dem einstigen Wiesengelände war eine Saatschule angelegt worden, und als diese aufgegeben wurde, überließ man einige Exoten sich selbst; sie sind nun Bäume geworden. Am Weg steht noch die alte Saatschulhütte, jetzt Einstellmöglichkeit für Forstgeräte und Wildfutter; auch Unterschlupf für Waldgetier: Vor Jahren wurde ein Waldkauz im Kaminloch heimisch.

Neben dieser Hütte steht eine Buche, die zumindest eine Generation älter ist als der umgebende Baumbestand, also auf das Zweihundertjährige zugeht und damit nicht nur die alte Grenze zwischen Wald und Wiese markiert, sondern auch an die Lebenszeit des Johann Jakob heranreicht. Warum blieb sie als einzige stehen?

Vor diesem Baum kommt der Chronist ins Sinnieren. Er denkt: Was ist Landschaft, ehe der Mensch sie behaust, sie einbezieht in seinen Kreislauf? Ehe sie von ihm betreten, zertreten, beschmutzt oder geadelt wird? Da war Raum, in den der Mensch nicht eingedrungen war, war Erdreich, dem sein Mühen und Streben nicht aufgeprägt wurde. Und nichts war da, an dem sich menschliches Erleben festgemacht hatte. Dafür webte in solcher Landschaft etwas Unberührtes und Fernes, etwas wie Wüste und Urwald. Für den Chronisten aber galt es, ein Gegenteiliges aufzuspüren, einen Ort, in den Vergangenheit gebannt war. Es gibt doch geschichtsträchtige Stätten, zu denen die Menschen pilgern. Spürt ein empfindsamer Mensch an historischem Ort einen Hauch von Unfaßlichem? Überkommt ihn dort ein ehrfürchtiges Schaudern? Wird ihm, als wäre aus unsichtbaren Weiten etwas eingesickert, das ihn leise anrührt? Hat sich an bestimmten Orten etwas angehäuft wie Humus in Felsspalten, das übersinnliche Begegnungen erleichtert? Und wird ein Raum nicht erst wohnlich, wenn sich Geschichtliches, also Vergangenes angesammelt hat? Ist es nicht so, daß sich nur dort breit und behaglich leben läßt, wo Geistiges in Erscheinung getreten ist? Wo Weg und Steg, Tempel und Kunstwerk sich eingefunden haben?

Der Baum ist dem Chronisten aufgefallen. Er geht weiter und stößt auf den Bernlochweg, den er überquert und nun in einer Talklinge ins Kohldölle hinabsteigt. Beidseitig hält sich Buchenwald, zu dieser Jahreszeit kahlästig, das Steile der Hänge preisgebend. Von oben, der Hangkante her, sind eine Motorsäge und ab und zu das Krachen eines fallenden Baumes zu hören. Ein vom Sturm entwurzelter Baum, quer über dem Weg liegend, ist noch zu überwinden, und dann, nach wenigen hundert Metern, ist der Chronist am Bergfuß, nahe der Markungsgrenze, wo sich die Kohlplatte befand. Er schaut sich um. Die Talsohle, bisher eine Rinne, in der nur Weg und Wassergraben Platz hatten, verbreitert sich. Von den Steilhängen herab münden von links und rechts Wege ein, die zum Beischaffen des Holzes benötigt wurden. So fern vom Dorf und so tief unten war das Holz wohl billig.

Kohle brennen war aber nicht nur Feuer machen, sondern vor allem das Überwachen eines Brennvorganges. Der nach genauen Regeln aufgebaute Meiler, mit Erde abgedeckt, durfte nicht lichterloh brennen, denn dann würde nur Asche entstehen, aber auch nicht erlöschen – er mußte glosten, glühen, langsam vor sich hin schwelen, was erreicht wurde, indem man die Luftzufuhr durch Löcher und Kanäle verstärkte oder drosselte. Der Mensch steuerte auch hier, indem er verengte oder erweiterte, beschleunigte oder verlangsamte, in ein Zeitliches eingriff. Der Vorgang zog sich über Tage hin, war Tag und Nacht am Voranschreiten, und da mußte der Köhler zugange sein. Er hatte sich eine einfache Schutzhütte aus Hölzern und Rinden gebaut. Blieb die Frage des Essens. Sie wurde mit Hilfe des Johann Jakob gelöst. Dieser hätte beim Hinabsteigen bereits Rauch schnuppern und Geräusche hören können, wenn er in Gedanken nicht anderswo gewesen wäre. Nun trat er aus dem Weg und sah den Kohlenbrenner mit einer Stange in einem Luftloch des Meilers stochern. Eine Rauchwolke stob dicht und stickig aus dessen Mitte, und der Köhler Johann Schäfer, der ihn wohl hatte kommen hören, rief ihm vielleicht zu: »Jetzt kommt dr jong Schmiedhannes ond brengt 's Esse!« Die beiden setzten sich in die Hütte, und der Köhler hatte wohl ein paar Fragen, etwa, was es im Dorf Neues gebe. Einsilbige Antworten. Die beiden hockten in der Hütte auf einem Holzgestell, mit Moos oder Laub gepolstert und mit einem Rupfensack oder einer alten Decke überzogen.

17

Der Köhler hätte sicher gern ein wenig geredet, so allein im Wald, aber Johann Jakob war verstopft. Als er später im Verhör gefragt wurde, ob er den Personen, denen er das Essen brachte – es war aber nur der Johann Schäfer gewesen – von der Erscheinung erzählt habe, antwortete er: Nein. Er habe dem Kohlenbrenner nichts gesagt, auch in den ersten Tagen sonst niemandem.

Johann Jakob wird sich so bald als möglich auf den Heimweg begeben haben. Auch der Chronist stieg wieder das Kohldölle hinauf, und in ihm wurden allerlei Gedanken wach, doch um Johann Jakob näherzukommen, mußte er zuerst versuchen, dem Wenigen, das von ihm überliefert ist, einiges an Leben abzugewinnen.

Kindheit und Jugend

Johann Jakob wuchs in einer Schmiede auf, einer kleinen Schmiede, denn es gab mehrere im Ort und nicht genug Arbeit für alle. Bereits der Großvater, mit Namen ebenfalls Johann Jakob, genannt »der Pfeffinger«, war nicht nur »Schmied allhier«, wie es in den Pfarrbüchern heißt, sondern nebenher auch Nachtwächter. Vom Vater, ebenfalls ein Johann Jakob, »Bauer und Schmied«, ist überliefert, daß er in seinen späteren Jahren Roß- und Stierhirt war. Er wurde »Hannesle« genannt, war also wohl von kleiner Statur, nicht ohne weiteres zum Schmied geboren, aber das Handwerk war eben in der Familie, so wie auch unser Johann Jakob als schmächtiger Bursche es übernehmen mußte, obwohl er dies nicht wollte.

Johann Jakob war der einzige Sohn. Drei ältere Geschwister waren Mädchen, ein Nachkömmling ebenfalls ein Mädchen. Die Mutter, Maria Agathe, war Hebamme und bekam bei der damals hohen Kinder- und Müttersterblichkeit sicher tiefe Einblicke in Not und Elend, Armut und frühen Tod in den Familien, so wie sie auch zur Verkünderin freudiger Ereignisse werden konnte. War sie eine robuste Frau, die zupacken konnte und von der Ruhe und Geborgenheit ausging? War sie eine Frau, in der Frömmigkeit und Lebensweisheit heranwuchsen? Die im jungen Johann Jakob das Fragen nach den Lebensgeheimnissen und die frühe Beschäftigung mit dem Gotteswort förderte? Es ist nichts überliefert, aber weil der Vater mehr und mehr dem Alkohol zusprach, ist wahrscheinlich, daß die Hinwendung zur Religion von Mutterseite her begünstigt wurde.

Alles in allem gibt es nicht viele Nachrichten über die familiären Verhältnisse des Johann Jakob. Um so aufmerksamer will sich der Chronist der Umgebung zuwenden, die auf Johann Jakob in seiner Jugend einwirkte. Von frühen Begegnungen mit Nachbarn, Verwandten, Schulkameraden, mit Tieren, zum Beispiel den Pferden in der Schmiede, mit Hühnern und Enten – ein Bach fließt am Ort vorbei – und allem, was in und um ein Dorf kreucht und fleucht, kann nichts berichtet werden. Aber drei Bereiche, von denen der junge Johann Jakob beeinflußt wurde, sind einer Betrachtung zugänglich. Es ist zum ersten die Schmiede, die ihn von Kindesbeinen an bis zum 20. Lebensjahr umgab; es ist zum zweiten die Schule, also die Erweiterung seines Lebenshorizontes und Vermittlung von Erfahrungswissen durch den Lehrer; und es ist zum dritten die Einführung in das Reich des Glaubens.

Zuerst die Schmiede. Eine Schmiede war bis ins letzte Jahrhundert ein rußgeschwärzter Raum, häufig etwa doppelt so groß wie ein Wohnzimmer. In ihrer Mitte befand sich der Amboß, um den sich die Arbeit drehte, ein Stahlklotz, von dem bei der Arbeit hellklingende Schlaggeräusche ausgingen, die im halben Dorf zu hören waren. In Reichweite befand sich eine Esse, über der ein Kaminblech Rauch und Funkenflug aufnahm und weiterleitete. In die Esse war ein Wasserbehälter eingelassen, um Feuer und Hitze mit Hilfe eines Reisigbesens dämpfen zu können, was ein Zischen und weißen Dampf zur Folge hatte. An den Wänden Hämmer und Zangen in großer Zahl. Und in der Schmiede war der Geruch nach verbranntem Horn, der sich beim Beschlagen der Pferde ausbreitete, war der Vater mit Lederschürze und geschwärztem Gesicht. Im halbdunklen Raum – die Fenster waren in der Regel mit Staub belegt – wurden immer wieder glühende Holzkohlen mit Hilfe eines Blasebalgs zu einem Feuer mit heller, rauschender Flamme angefacht, diesem dann ein glühendes Eisen entnommen und auf dem Amboß mit schnellen, heftigen Hammerschlägen geschmiedet.

Eine solche Werkstatt macht auf ein Kind großen Eindruck

und kann so etwas wie ein Grunderlebnis werden. Das offene Feuer mochte bei einem Bibelleser eine lebhafte Vorstellung von Höllenfeuer vermitteln. Und welches Nachsinnen über allerlei Lebensfragen mag da in einem empfindsamen Erdenbewohner aufwachen? Welches Geheimnis steckt allein in der Flamme, die hartes Eisen zum Glühen und Schmelzen bringt! Welche Kraft im Flammengezüngel! Himmel und Hölle können da begreifbar werden, allerlei Vorstellungen von Verdammnis und Seligkeit sich entwickeln oder – verdorren.

Es war eine innere Empfindsamkeit, die Johann Jakob den biblischen Geschichten nachlauschen ließ, von wem sie auch erzählt worden sein mögen, Mutter oder Großmutter, Lehrer oder Pfarrer – die ihn hungrig machten und die Bibel aufschlagen ließen.

Nun Schule und Religionsunterricht zu Johann Jakobs Zeiten. 18. Jahrhundert, ein abgelegenes Dorf. Lehrer und Pfarrer einflußreiche Persönlichkeiten im Leben eines Kindes, die von Dingen zu berichten wußten, die nicht handgreiflich vor Ort waren, sich also in einer Ferne befinden mußten, wohin die Füße nicht trugen und denen nur in Gleichnissen beizukommen war. Lehrer und Pfarrer glichen Schiffen, die von einem Meer her in der Vorstellungswelt der Kinder ebenso seltsame wie kostbare Waren anlandeten – einem lern- und aufnahmewilligen Kind manchmal Wunder um Wunder, denen es sich bereitwillig öffnete.

Johann Jakob war ein ruhiges Kind, das zum Sinnieren neigte. Der Oberamtmann schrieb nach dem ersten Verhör: »Der Bursch sieht einfältig aus und ist gar zart bei sich selbst, still und bisher eingezogen gewesen.« Anzunehmen ist, daß Johann Jakob in der Schule von robusten Kameraden einiges an Knüffen und saftigen Bemerkungen abbekam, oftmals wohl auch Angst vor dem und jenem hatte. Ging aus dem Weg, aber nahm aufmerksam an, was er sah und hörte, und bewegte es in seinem Herzen. Es wird ihm schwergefallen sein, sich mit

21

Fragen und Antworten hervorzutun, obwohl manches in seinem Gemüt aufwachte und sich heftig zu regen begann.

In O., so abgelegen der Ort auch war, wurde damals allerhand Neues aus den Bereichen Wissenschaft und Religion »angelandet«, und zwar in hoher Qualität, wie dazu gesagt werden muß. Den jungen Schulmeister Philipp Gottfried Schaudt, der nebenher ein überdurchschnittlicher Mathematiker und Feinmechaniker war und die von Philipp Matthäus Hahn konstruierten Uhren und Rechenmaschinen fertigte, dazuhin aber auch ein großer Orgelspieler, bekam Johann Jakob zum Lehrer. Von ihm wurde geschrieben: »Ist einer der tüchtigsten Schulmeister der ganzen Diöcese, der viel Wissenschaft zu mechanischen Künsten hat und einen Platz verdient, wo er seine Schul- und anderen Talente mehr zeigen und nützlich sein könnte.« Bei diesem Lehrer erlernte Johann Jakob das Lesen, Schreiben, Rechnen und Liedersingen. Und er lernte viele Bibelsprüche und Choräle auswendig. War ein guter Schüler, der Freude am Lernen hatte und begierig in den Erkenntnisgefilden wanderte. Was aber Gotteskindschaft und Gottsuchen betraf, so dürfte vom Schulmeister keine besondere Einwirkung auf Johann Jakob ausgegangen sein: Philipp Gottfried Schaudt war ein Techniker; er verkörperte die auf diesem Gebiet heraufkommende neue Zeit.

Das zarte Pflänzlein eines hingebungsvollen Glaubenslebens dürfte dafür umso eindringlicher der ebenfalls junge Pfarrer Philipp Matthäus Hahn zum Wachsen gebracht haben, der in O. seine erste Pfarrstelle übernommen hatte.

Philipp Matthäus Hahn hatte nach allerhand Wirren seine erste Pfarrstelle in O. 1764 angetreten und, fünfundzwanzig Jahre alt, verschiedene Ideen auf religiösem wie technischem Gebiet im Kopf. Bei diesem »unter Dampf« stehenden Mann erhielt Johann Jakob seinen Konfirmandenunterricht und wurde in den so viel entscheidenden Jahren der Pubertät beeinflußt, den Jahren, wo der Mensch aufbricht wie eine Blütenknospe, wo er ebenso zart und verletzlich ist wie hartnäckig und eigenwillig, wo die persönliche Lebensform sich zu enthüllen beginnt. Er öffnet sich nun einer Welt, die bis zum Unendlichen und Ewigen reicht; es überkommen ihn Augenblicke, wo er nicht weiß, wie ihm geschieht; wo er sich an ein Erlebnismeer gestellt sieht oder gar Gipfelblicke hat; wo er sich selbst zu sehen bekommt als ein Pünktchen, ein »Schwer-Pünktchen« im unendlich Weiten; wo ihm die Zeit aufgeht als eine Dimension des Diesseitigen, die dem Menschen mit der Geburt eröffnet und mit dem Tod beschlossen wird. Die Sinnfrage wird in ihm wach, und sie wird ihn nicht mehr loslassen, wird seinem Leben Bewußtheit geben und damit Zugang zum Kultivierten, zu Güte und Nächstenliebe, Heiterkeit und Gelassenheit. Religion kann ihm, wenn er sie denn in rechter Weise annimmt, beim Suchen nach dem Sinn seines Lebens behilflich sein und ihn befreien zur Geborgenheit in Gott; sie kann ihm Kraft geben im Sterben oder kann lästig und ein immerwährender Widersacher sein.

In diesem Entwicklungsstadium leuchtete Johann Jakob das Vorbild eines großen Lehrers auf, und er wurde von einem warmen Anhauch getroffen, Geschenk des Himmels.

Konfirmandenunterricht. Der junge Pfarrer Hahn geht mit Eifer und klaren Vorstellungen an die Arbeit, und nach ein paar Jahren schreibt er ein Konfirmandenbüchlein. Im Tagebuch steht: *Geschrieben für die Konfirmanden. Mein Geist erquickte sich wieder, daß etwas geschehen ist an dem, was ich tun sollte: Kinder im Christentum unterweisen. Es kommen doch manche Eindrücke in sie hinein, die zu ihrer Zeit wieder erwachen. Da werden wir getrieben, ihnen die Wahrheiten interessant zu machen, denn sobald sie ihnen interessant sind, so merken sie auf.*

Und der Reformer Hahn ereifert sich gegen Zustände im Religionsunterricht: *Kinderlehre gehalten über den Nutzen des Gesetzes, daß wir erkennen, was böse und gut ist, daß das eingepflanzte Gefühl von dem Recht und Unrecht, Göttlichen und Ungöttlichen in uns erhöhet und entwickelt werde. Mir ist heute über die Erziehung zum wahren Christentum offenbar worden, daß es auf die Unterweisung in der zarten Kindheit und Aufwachsung unter guten Anstalten und Unterweisung viel ankomme. Wie schön wäre es, wenn man so die wahre Religion in einem Gemüte festsetzen könnte. Aber unsere kirchlichen Anstalten sind alle dazu eingerichtet, von Jugend auf Pharisäer und äußerliche Zeremonienchristen zu bilden, wie wir's haben: zu beten ohne Andacht, zu lesen ohne Verstand, an die äußeren Gebräuche sich zu halten. Von Jugend auf leere Worte in der Schul zu fassen und ins Gedächtnis zu bringen. Man sieht nichts anderes als die alte Leier.*

Es dampft und zischt im Unterricht des jungen Philipp Matthäus Hahn, und vor ihm im Konfirmandenunterricht und in Christenlehre und Gottesdienst sitzt der lauschende und staunende Johann Jakob und weiß nicht, wie ihm geschieht. Der Glaube an den dreieinigen Gott scheint ihn damals so mächtig umgetrieben zu haben, daß er Pfarrer werden wollte. Als dies, wie noch zu berichten sein wird, nicht ermöglicht werden konnte, geriet er unter großen Druck, weil er seiner Berufung nicht nachkommen, ihr nicht den Lauf verschaffen konnte. Da staute sich etwas an, was ihn für eine »Erscheinung« empfänglich machte und bei entsprechender

Berührung ausfließen konnte wie Wasser aus einem geborstenen Rohr.

Es setzte sich damals in O. vom Pfarrhaus her etwas in Bewegung, von den Einwohnern kaum wahrgenommen, das in kurzer Zeit zu einer Übersetzung des Neuen Testaments und zum Schreiben von Predigtbüchern führte, im technischen Bereich zur Uhrenherstellung und in ferneren Jahren zur Entstehung einer Waagenindustrie.

Etwas von der Gedankenwelt dieses jungen Philipp Matthäus Hahn bekam Johann Jakob sicher mit. Und der Pfarrer beschäftigte sich auch mit den Erleuchtungen des Emanuel Swedenborg, die damals unter den Gebildeten Aufsehen erregten. Dieser Swedenborg, Naturforscher, Hellseher und Gottsucher, schrieb nach einer Vision das Buch »Himmlische Lehre nach Gehörtem aus dem Himmel«. Seine Schriften beeindruckten Pfarrer Hahn so sehr, daß er sich manches in ein Notizbuch eintrug, das sich erhalten hat, und am Ende seines Lebens wird er sagen: »Ich erkenne die weise Führung Gottes, daß er mir Swedenborg zugeschicket, aus welchem ich ein Licht bekommen.« Wes aber das Herz voll, des geht der Mund über: Pfarrer Hahn hat sicher Swedenborgsche Gedankenstränge in seinen Unterricht und Gottesdienst eingeflochten, und hier mag eine Quelle sein, aus der die jenseitsorientierte Vorstellungswelt des Johann Jakob gespeist wurde, denn dieser war auch dort aufmerksam, wo die Altersgenossen den Unterricht gleichgültig über sich ergehen ließen oder sich darüber lustig machten. Und den Johann Jakob hielt mancher für einen Brävling und Streber, einen Frömmler und vielleicht gar Duckmäuser.

Der aber soll nach dem Konfirmandenunterricht ein Schmied werden. Und will nicht. Was ist in ihm vorgegangen? Was trägt er in seinem Inneren aus? Seine Vorstellungswelt ist angefüllt mit Geheimnissen, die er nicht überblickt. Er versteht sich manchmal selber nicht. Ob Gott ihn sieht und versteht? Der sei doch allwissend und lenke über menschliches Verstehen. Was erwartet er von ihm? Irgend etwas erwartet er von ihm.

Die Eltern betrachteten Johann Jakob mit Sorge, weil sie sahen, daß er kein rechter Schmied werden würde. Er träumte zu viel mit offenen Augen. Aber er, der Vater, hatte auch Schmied werden müssen, das war nun einmal so.

Als das Ende der Schulzeit nahte, mußte Klarheit über den weiteren Lebensweg des Buben geschaffen werden. Vielleicht stellte er sich beim Vater wieder einmal ungeschickt an und bekam zu hören: »Du wirst im Leben kein rechter Schmied!« Und antwortete: »Ich will auch keiner werden!« – »Und was willst du werden?« – »Ich will Pfarrer werden«, und das war dann wohl, als hätte er gesagt: Ich will nach Amerika. Pfarrer! Ein Studierter! Das war ein ganz aus der Art geschlagener Berufswunsch, und der Vater bekam keinen Gehilfen und keinen Nachfolger in der Schmiede. Aber der Bub blieb hartnäckig, ließ sich nicht abbringen, und zuletzt mußte der Vater in den sauren Apfel beißen und mit dem Pfarrer reden. Vielleicht aber schickte er auch die Mutter, die Hebamme, mit dem Jungen zum Pfarrer – ein paar Eier im Korb.

Natürlich wußte Philipp Matthäus Hahn schon lange, daß sich Johann Jakob mit der Bibel beschäftigte, hatte sich wohl auch darüber gefreut, denn es war eine der wenigen sichtbaren Früchte seines Bemühens, einen griffigen Konfirmandenunterricht zu halten. Aber Pfarrer? Da mußte man Sprachen lernen, Latein, Griechisch, ja auch Hebräisch, und das war für einen Dorfbuben, der nur ein karges Schwäbisch sprach, ein fernes Neuland, ein schwer zu bestellendes Feld. Und dann war der Bub, jetzt als Konfirmand, bereits zu alt für ein herkömmliches Theologiestudium; da setzt man früher an! Ja, schließlich mußte auch gesagt werden, daß ein Studium Geld kostete, viel Geld für arme Leute.

Das mit dem Pfarrerwerden hatte also seine Haken und war ein schier unlösbares Unterfangen aus der Situation des Johann Jakob heraus, auch wenn ein unbändiges Wollen dahinterstand. An diesem Punkt des Gesprächs erinnerte sich Pfarrer Hahn sicher seines eigenen Leidensweges, ja, der Chronist ist sich sicher, daß er von ihm erzählte. *Auch ich war arm von Eltern*, heißt es ja in seinem Lebenslauf, *und sie ließen uns Kindern nichts übrig. Auch ich wünschte in meiner Jugend, Pfarrer zu werden und sah fast keine Möglichkeit, teils weil ich in den Sprachen versäumt war, teils weil ich kein Vermögen hatte. Aber Gott gab Gnade und erhörte mein Gebet und förderte meinen Weg. Sein Werk war es, daß ich Pfarrer wurde.*

Dies alles wird Pfarrer Hahn vor Augen gestellt und vielleicht hinzugefügt haben, daß er es aber leichter hatte, weil er in einem Pfarrhaus aufwuchs. Sonst aber war seine damalige Situation auch die des jungen Johann Jakob, genau dieselbe, denn dieser wollte auch mit allen Fasern seines Herzens Pfarrer werden und fühlte eine Berufung und war bereit, jedes Opfer auf sich zu nehmen. Wenn aber der Herr Pfarrer trotz aller Widerstände sein Berufsziel erreichen konnte, warum sollte dann ihm, dem Johann Jakob, das nicht auch gelingen?

Johann Jakob ließ sich von seinem Berufswunsch nicht abbringen, und es mußte sich der Vater, sicher widerwillig und widerborstig, mit dem Sohn auf den Weg nach Tübingen machen. Der Bub sollte, wenn es denn sein mußte, auf das Theologiestudium vorbereitet werden. Vielleicht auch hatte Pfarrer Hahn einige Hinweise gegeben, denn die beiden fanden einen »Informanten«, einen Hauslehrer namens Groß, und gaben ihm, wie es heißt, zu erkennen, daß der Junge zum Predigen Lust bezeuge. Herr Groß versprach, Johann Jakob in die Information aufzunehmen, was auch hieß, daß er bei ihm wohnen und essen konnte, vielleicht mit ein oder zwei anderen Burschen zusammen. Vor allem in Latein wollte er ihn unterrichten und verlangte wöchentlich 18 Batzen für Kost und Lehrgeld.

Johann Jakob kam in eine andere Welt. Was war in Tübingen, der Universitätsstadt, nicht alles anders als im Dorf: Kleidung und Eßgewohnheiten, die Arbeit der Menschen und was und wie sie redeten; sie verstanden ihn mit seiner breiten Mundart ja kaum. Und dann die fremde Sprache, das Latein. Daß Menschen einmal so geredet und geschrieben haben sollen! Er kam manchmal aus dem Staunen kaum heraus, und vieles verstand er nicht. Das Heimweh wird ihn dann und wann erfaßt haben, und er wird an Sonntagen zum Schloß hinaufgestiegen sein und sehnsüchtig nach den blauen Bergen Ausschau gehalten haben, ja, vom Hohenzollern aus, der am Horizont zu sehen war, in Gedanken die Wege nach O. gegangen sein. Im Dorf aber hieß es: »Was? Der junge Schmiedhannesle will Pfarrer werden? Jetzt sieh mal einer an!« Manchmal wächst in dieser Situation Neid oder doch Mißgunst auf gegen den, der den Pferch verlassen will und eine Herdengewohnheit in Frage stellt.

Wie lange nun Johann Jakob in Tübingen war, ist nicht überliefert, vermutlich nur ein paar Monate, vielleicht ein Sommerhalbjahr, denn bald konnte der Vater nicht mehr bezahlen. Johann Jakob, kaum 15 Jahre alt, mußte sich wieder ins Dorfleben einfädeln und war doch in der Welt gewesen, hatte einen anderen Horizont bekommen. Im Dorf wurde das Scheitern des Unternehmens wohl von dem und jenem mit Schadenfreude zur Kenntnis genommen. Und dies im Leben erstmals zu verspüren, ist schmerzlich; bei manchem wächst da Einsamkeit heran.

Doch der Traum vom Pfarrberuf war bei Johann Jakob nicht ausgeträumt. Nicht er hatte versagt, sondern der Geldbeutel seines Vaters. Aber er mußte zurück in die Schmiede und bei Bedarf als Roßhirte auf die Weide. Da mag er wieder sinniert und gedacht haben: Du bist zu etwas anderem geboren.

Eines Tages ging er zu Pfarrer Hahn und fragte, ob er ihn in der lateinischen Sprache unterrichten würde, er wolle halt Pfarrer werden. Philipp Matthäus Hahn war dazu bereit, denn er sah wohl die Not dieses jungen Menschen, aber es wurde nicht viel daraus, denn Hahn war nebenher mit Konstrukti-

on und Bau seiner ersten astronomischen Uhr, der soge-
nannten Himmelsmaschine, beschäftigt. Sehr zeitraubend!
Johann Jakob gibt später an: »Er sei nur acht Tage in die Information gegangen, dann habe Pfarrer Hahn keine Zeit
mehr für ihn gehabt.« Es ist indessen doch wahrscheinlich,
daß Hahn das Feuer spürte, das in Johann Jakob glühte und
ihn auf einen schweren Lebensweg trieb. Wohl auch ahnte er
das Gefährliche, ja Krankhafte in dessen Wesen, aber Zusatz-
unterricht ging über seine Zeit und Kraft; er hatte Wichtige-
res zu tun, und Johann Jakob stand wieder ausweglos in der
Schmiede.

Und er stand nicht nur in der Schmiede, sondern eben auch
als Roßhirte auf dem Feld, allerdings als ein Besonderer: Er
besaß nämlich eine Handbibel, die wahrscheinlich für das
Lernen in Tübingen gekauft worden war, und die nahm er mit
auf die Weide, und wenn die Pferde ruhig standen, las er und
hatte Zeit zum Nachdenken. Von Hirten war ja in der Bibel
auch viel die Rede, zum Beispiel vom Propheten Mose, der
seinem Schwiegervater Jethro die Herden hütete, von König
David, der als Hirtenbube vom Feld geholt und, braunge-
brannt wie er war, zum König gesalbt wurde; und zu guter
Letzt von Jesus, der der Gute Hirte war. In Johann Jakob rumorte und träumte es nach wie vor: Du mußt ein Prediger
werden. Und wenn er nun auch Pferde hütete und dies und
jenes in der Schmiede hämmerte, so war in ihm doch eine
Glut, bei der es nur eines kleinen Luftzugs bedurfte, um ein
Feuer auflodern zu lassen. In ihm gab es etwas, das über
Schmieden und Pferdehüten, ja über ein Menschenleben hin-
auswies.

Die Himmelsmaschine

Johann Jakob ging eigene Wege. Wie sahen sie aus? Wie erlebte er zum Beispiel einen Pfingstsonntag, der auch zu seiner Zeit ein herausgehobener Feiertag war, oft ein unendlich ergreifender Frühlingstag, an dem man sich dehnen und strecken, an dem man aus der Haut fahren wollte und Blumengefühle und Blütengedanken austrieben?

Am Vormittag war Gottesdienst. Im Sonntagsgewand, gewaschen, gekämmt machte sich Johann Jakob auf den Weg, ließ sich vom Glockengeläut einhüllen und war geöffnet für das Neue und Besondere eines Sonntags, für eine Stunde mit anderen Sinneseindrücken als am Werktag, für Gedanken auch über diese Welt und was mit der Ausgießung des Heiligen Geistes, dem Pfingstwunder, gesagt werden sollte. Da gab es schon nachhaltige Eindrücke in ein karges Leben, das auf der Suche nach seinem Bestimmungsort war, und es gab zu sinnieren über Gott, von dem man nichts Genaues wußte und der doch das Leben verliehen und in der Hand hatte.

Im Gottesdienst, so denkt der Chronist, war Johann Jakob ein aufmerksamer Zuhörer, anders als mancher Altersgenosse, der schläfrig in der Bank hing oder den Nachbarn knuffte, der zu den Mädchen hinüberschielte. Ja, er war ein aufmerksamer Zuhörer. Und wie sang er das Lied von Paul Gerhardt, unübertroffen in seinem Befreiungsjubel: »Geh aus mein Herz und suche Freud in dieser lieben Sommerszeit an deines Gottes Gaben!« Konnte es ihn ansprechen? Das eigene Suchen und Tasten in seinem großen Atem aufgehen lassen? Natur hatte er ja um sich, konnte er täglich in den unterschiedlichsten Stimmungen und Gestimmtheiten erleben. Aber vielleicht war sie ihm viel zu selbstverständlich, viel zu sehr Teil seines Aufwachsens von Kindheit an. Vielleicht hat ihn ein anderer Choral mehr angesprochen, ihn ein Stück weit mitgenommen, sein Fühlen in eine Unendlichkeit hinausgetragen. Gut zu wissen wäre auch, ob Johann Jakob einen Freund hatte, mit dem er sich am Sonntagnachmittag oder in einer Abendstunde austauschte, von seinem Denken und Fühlen etwas ans Licht ließ. Der Chronist ist sich da nicht sicher. Vielleicht fielen die Worte des Pfarrers bei ihm wie in einen See, der wenig Ausfluß hatte. Und doch entwickelte sich Johann Jakob; geistiges Wachsen geht langsam und leise vor sich.

Und an einem Sonntagnachmittag, wenn vielleicht keine Christenlehre war, die ja auch eine Bewahrung vor Ausschweifungen aller Art bis über das zwanzigste Lebensjahr hinaus sein sollte, wo war er da? Ins Wirtshaus wird er nicht gegangen sein, und daß er mit Altersgenossen einer kleinen Horde angehörte, die abenteuerlustig im Dorf, auf den Fluren der Markung und, seltener, weil dies oft zu Streitereien führte, im Nachbardorf herumzog, ist auch nicht wahrscheinlich. Dies alles wird ihm nicht wichtig gewesen sein, zumindest wird er sich, wenn er schon ab und zu dabei war, nicht hervorgetan haben. Er war einer, der sich oft absonderte, wunderliche Gefühle hegte, Gefühle, die Rohstoff für irgendwelche Ereignisse in der Zukunft waren.

Der Chronist fragt sich auch, ob Johann Jakob jemals in ein Mädchen verliebt war, heimlich, von ferne. Irgendwann brach ja bei ihm auch die Sehnsucht nach dem anderen Geschlecht auf. Was hätte es bedeutet, wenn der zarte, scheue, in sich gedrängte Bursche von einem fraulichen Wesen erfaßt und geschätzt worden wäre? Eine Mutter weiß und sieht viel, aber ein junger Mann will von einem Mädchen seines Alters erkannt und geöffnet werden, um sich weit hinaus entfalten zu können. Der Einfluß des andern Geschlechts gibt Duft und Abrundung, läßt bei guter Begegnung nicht spitz und roh werden, auch nicht allzuviel Selbstmitleid aufkommen. Von all diesen Dingen erscheint verständlicherweise nichts in den Berichten. Eines wird nur immer hervorgehoben: Ist mit Beten und Heiliger Schrift umgegangen. Es ist vorstellbar, daß einen Schmiedjungen, der im Buch der Bücher liest, besonders jene Stellen interessieren, wo von Erz und Eisen und denen, die es verarbeiten, die Rede ist. Da läßt sich einiges finden. Als König Nebukadnezar das Volk Israel in die babylonische Gefangenschaft führte, nahm er nicht nur König, Hofstaat und die Mächtigen des Landes mit, sondern auch tausend Zimmerleute und Schmiede, eben wichtige Leute für den Städtebau. Oder: Als König Saul mit den Philistern im Krieg lag, wurden alle Schmiede beiseite geschafft, damit niemand Schwerter und Spieße herstellen konnte. Bei Mose wird einmal gedroht: »So ihr mir nicht gehorcht, will ich euren Himmel wie Eisen und eure Erde wie Erz machen.« Was sollte da gesagt sein? Ein Himmel ohne Sonne und Vogelgesang? Und die Erde wie Erz: festgehämmert, unfruchtbar?

Beim Propheten Sacharja fand er gar: »Und der Herr zeigte mir vier Schmiede, die sind gekommen, die Hörner der Heiden abzustoßen.« Schmiede als Gottesboten. Da wird dem jungen Johann Jakob schon eingefallen sein: Du bist auch ein Schmied, hast ein Schmied werden müssen, obwohl du lieber Pfarrer geworden wärest.

Das große Ereignis in jenen Jahren, das der junge Johann Jakob aus der Nähe miterlebte und das ihm zu denken gab, war aber der Bau einer »Himmelsmaschine« durch Pfarrer Hahn. Der hatte ja, wie bereits erwähnt, deshalb keine Zeit für Johann Jakob, weil er neben dem Pfarramt mit der Konstruktion seiner großen astronomischen Uhr beschäftigt war. Das große Werk wuchs im Pfarrhaus heran. Die Himmelsmaschine sollte am Ende nicht nur Stunden und Minuten anzeigen, nicht nur die Umdrehungen der Erde und den Lauf der Himmelskörper, sondern auch die Weltzeit. Die Weltzeit, wie sie der Klosterpräzeptor Albrecht Bengel in Denkendorf, später Prälat in Herbrechtingen und Konsistorialrat in Stuttgart, mit großem Ewigkeitsernst aus der Offenbarung des Johannes errechnet hatte. Nach 7 777 $\frac{7}{9}$ Jahren würde diese Welt ihr Ende finden, und am 18. Juni des Jahres 1836 würde mit der Wiederkunft Christi das Tausendjährige Reich beginnen. Auf einem der Zifferblätter war die Weltzeit in sieben Jahrtausende zu je 1 111 $\frac{1}{9}$ Jahre eingeteilt, und das waren die Epochen von Adam, Noah, Israel, Christus, Drei Weh, Gute Zeit der wahren Kirche, Gog und Magog. Das Christusereignis stand in der Mitte.

Das alles nahm im Gesichtsfeld des Johann Jakob Gestalt an. Davon hörte er, davon sprach man im Dorf. Und der Pfarrer schrieb Briefe an Herzog Karl Eugen, der mit »Serenissimus« anzureden war, was »Durchlauchtigst« heißt – und für den er die Himmelsmaschine baute.

Eines Tages im Jahr 1769 war die Himmelsmaschine fertig. Der Pfarrer suchte sechs Leute aus, die sie, zerlegt, ins Schloß nach Ludwigsburg trugen. Die Namen der sechs sind nicht überliefert, aber mit einiger Sicherheit können drei genannt werden, und einer davon lautet Johann Jakob. Er war nun achtzehn Jahre alt, arbeitete beim Vater in der Schmiede und war von religiösem Eifer beseelt, dem Pfarrer bestens bekannt. Er dürfte dabeigewesen sein, als das große Werk in zwei Tagesmärschen nach Ludwigsburg getragen wurde. Allerlei Gespräche. Allerlei Augenweide. Dann das riesige Schloß, Menschen, Uniformen, die Große Welt.

Was von dieser Welt erzählt wurde, wird Johann Jakob ebenso zu denken gegeben haben wie die Offenbarung des Johannes mit der Ankündigung von Weltende und Gericht. Als er sich für die Weltzeituhr an der Himmelsmaschine interessierte, und zwar nicht nur wegen der Berechnungen und dem wunderbaren Mechanismus, sondern weil das Reich Christi in absehbarer Zeit anbrechen sollte, hatte er sich wohl erneut mit der Offenbarung des Johannes beschäftigt, sich hin und her mit heißem Kopf darin festgelesen – und war vermutlich nicht klug daraus geworden. Aber es war das Wort Gottes. War Heilige Schrift. Es stiegen gewaltige Ahnungen und Vorstellungen in ihm auf, und die Himmelsmaschine des Pfarrers war ja nur ein Nebenprodukt von dessen Denken und Sinnieren; sie war am Saum seines Lebensweges in Erscheinung getreten und aufgestellt worden wie ein Markstein.

Auf dem Rückweg

Der Chronist ging an jenem Novembertag auch auf dem Weg zurück, den Johann Jakob damals ging, nachdem er beim Kohlenbrenner das Mittagessen abgeliefert hatte. In Johann Jakob dürfte sein ganzes bisheriges Leben gebrodelt haben und ihm ein eigenartiges Wachsein, von Ahnungen überschimmert, durchs Gemüt gezogen sein. Allerlei Bibelgeschichten und religiöse Vorstellungen werden ins Spiel gekommen sein, denn solche waren ihm ja immer nah am Gegenwärtigen und durchdrangen sein Denken und Handeln. Nun kann niemand genau wissen, was in Elternhaus, Schule, Gottesdienst und beim Bibellesen in Johann Jakob hineingelangt war, aber von dem Geist, der von Pfarrer Hahn ausging, kann eine Vorstellung gewonnen werden. Es wird bei Johann Jakob ähnlich gewesen sein wie bei Hahn selbst, der vom Universitätskanzler Reuß berichtet: *Aus seinen Lehrstunden ging ich nie ohne Eindruck und Überzeugung, weil man spürte, daß er selbst von dem gerührt war, was er vorbrachte.* Und 1766 schreibt Hahn ins Notizbuch: *Was ich in mir finde, darf ich auch von andern vermuten; was mich rührt in Meditation und Predigt, das rührt auch gemeiniglich einen andern, der verständig und attent[1] ist.* Hahn fand und lehrte: *Der Geist Jesu kann das himmlische Auge in uns eröffnen, daß wir ins unsichtbare, ins himmlische Heiligtum hineinschauen. Er kann das himmlische Ohr des erstorbenen himmlischen Menschen in uns eröffnen, wodurch wir Gottes Stimme und Willen hier auf Erden aus seinem Wort und äußerlichen Schickungen vernehmen und geistliche Dinge geistlich beurteilen können: In*

[1] aufmerksam

35

dessen Licht, das unsere Seele wie ein heller Sonnenschein um-
gibt, können wir das Licht sehen.[2]

Der Chronist, noch unterwegs in der Nähe des Ortes, wo Johann Jakob seine Erscheinung gehabt haben will, fragt sich:
Wie hat Hahn die Geschichte vom Apostel Paulus erzählt, als
dieser nach Damaskus ritt und plötzlich von einem Licht um-
leuchtet wurde, zur Erde fiel und eine Stimme hörte, die sagte: »Saul, was verfolgst du mich?«, und Saulus fragte: »Herr,
was willst du, daß ich tun soll?« Oder wie hat Hahn von Martin Luther und dem Gewitter bei Stotternheim berichtet?
Damals schlug neben Luther ein Blitz ein, und er rief: »Hilf
du, Heilige Anna! Ich will ein Mönch werden!« Da klärte
doch ein Blitzschlag das Fragen und Horchen nach dem Ziel
des eigenen Lebens – und zwar schnell, auf Dauer und unwi-
derruflich. Oder wie hat Hahn – und daß er es getan hat, steht
für den Chronisten fest – das eigene Erlebnis erzählt, als auf
dem Heimweg von der Esslinger Lateinschule im freien Feld
ein Gewitter heranzog, er Angst bekam und um Zurückhal-
tung des Wetters und um Vergebung der Sünden betete?
Hahn schreibt dazu: *Da sauste plötzlich eine leise, aber ver-
nehmliche Stimme an meinem Ohr vorbei: Kann ich dich auf
dem Feld nicht ebenso erhalten wie zu Hause? Ich erschrak, ging
meines Weges, und das Gewitter brach nicht aus.* Er wird das
erzählt haben, und weil es persönlich erlebt war und Kinder,
die sich auch schon vor Gewittern geängstigt hatten, gut mit-
fühlen konnten, wird es eindringlich gewirkt haben, besonders nachhaltig aber vielleicht auf Johann Jakob.

Und es gab da weitere Geschichten von Mose und den Propheten. Einmal auf die Spur gesetzt, einmal erschüttert von
solcher Begebenheit, sind Auge und Ohr geschärft, stößt der
Empfindsame immer wieder auf ähnliche Vorkommnisse und
horcht in sie und in sich hinein.

[2] zitiert nach Dietrich Steck: Unterwegs. Ein Kornwestheimer Tag mit
Philipp Matthäus Hahn, Kornwestheim 1994

Johann Jakob ging heimwärts. Er kam nochmals an dem Ort vorbei, wo die Erscheinung gesprochen hatte. Der Chronist konnte auch auf dem Rückweg an diesem Ort nichts Besonderes wahrnehmen. Er hatte nur das schmale, aber doch wohl auch vertiefte Erleben eines Feld- und Waldweges, eines belanglosen Weges für ihn wie für jene Bauern und Wanderer, die, selten genug, auf ihm zugang waren. Ein anspruchsloser Weg. Da und dort war der Boden gefroren, an schattigen Stellen lagen Schneereste. Es gibt tausend ähnliche, und jeder ist eine Spur, entstanden, weil Menschen jahrhundertelang auf einem vergleichsweise dünnen Streifen Landes sich bewegten, mal schneller oder langsamer, mal beschwert oder erleichtert, aber immer auf demselben Landstreifen, so daß sich das Gras an den Boden duckte, der Boden hart wurde und Steine zum Vorschein kamen.

Und hier nun diese Verlassenheit im November. Aber dann und wann geht doch ein Jäger oder Waldfreund auf ihm, fährt ein Bauer ins Holz; es schnürt durchaus noch jemand über ihn hin, auch wenn die Große-Welt-Fahrer ihn nicht zu Gesicht bekommen. Hier sind Menschen hin und her gegangen wie auf dem Faden eines Spinnennetzes, und er war Teil ihres Lebensgewebes.

Was den Chronisten nun bewegte, war, daß hier, wo nichts Besonderes zu sehen war, etwas Leuchtendes auf ein unscheinbar zwischen Himmel und Erde, Verlassenheit und Geborgenheit, Sehnsucht und Trauer ausgespanntes Leben niedergegangen sein sollte. Gewiß, er weiß, daß an jedem Ort Unendlichkeit durchbrechen und Überwältigendes ein Leben ändern kann, aber hier war so gar nichts Ungewöhnliches.

Ehe sich der Chronist an die »Erscheinung« des Johann Jakob heranwagt, muß er noch den Kometen erwähnen, der im Jahr 1770 seine Bahn am Himmel zog und Johann Jakob zu denken gab. Es war das Jahr, in dem Pfarrer Hahn nach Kornwestheim zog und ein Vikar seine Stelle einnahm. In O. änderte sich dadurch einiges, und zwar, wie Johann Jakob urteilte, zum Schlechten hin. Es ist ja vorstellbar, daß nach Abgang eines als Seelsorger besonders eifrigen und geistesmächtigen Mannes die Sitten im Dorf sich lockerten. Bis zum Dienstantritt des neuen Pfarrers dauerte es über ein Jahr, und das war eine lange Vakanz, auch wenn ein Vikar sie überbrückte. Da riß manches ein, weil es nicht gepflegt wurde, und manches wurde eingerissen in einer Zeit, in der es auf eine Revolution zuging: Gleichgültige wurden gleichgültiger, Aufmüpfige vorlauter.

Und nun war in diesem Jahr ein Komet über den Himmel gezogen. Ein Komet? Im Lexikon ist zu lesen: »Himmelszeichen, Schweifstern; Himmelskörper geringer Masse, meist lose Anhäufung von Meteoriten, kosmischem Staub, Eispartikel und Gasen. Kommt aus dem interstellaren Raum, in den er nach Durchlaufen der Sonnennähe wieder zurückkehrt. Bei Annäherung an die Sonne entwickelt sich meist ein Schweif, der hauptsächlich aus Kohlenstoff- und Stickstoffionen besteht. Die Schweife großer Kometen haben oft eine Länge von 100 Millionen Kilometer und können sich in Erdnähe über den halben Himmel erstrecken.«

Das alles haben die Wissenschaftler herausgefunden und können die Menschen heute wissen, sofern sie es wissen wollen. Johann Jakob wußte das alles nicht. Dafür wußte er, daß ein leuchtender Stern den Weisen aus dem Morgenland den Weg nach Bethlehem und zum Ort der Geburt Christi gewiesen hatte. Großes Heil. »Euch ist heute der Heiland geboren.« Und er wußte auch, daß Himmelszeichen nicht nur Heil verkünden, sondern viel häufiger Unheil: Krieg, Pest, Erdbeben, Überschwemmung, und daß dies Strafen für sündige Völker sind. Sie wurden angekündigt, damit Zeit zur Umkehr und zur Buße gegeben war.

Der Komet muß Johann Jakob im Innern beschäftigt haben. Er war überzeugt, daß Gott den Dorfbewohnern ein Zeichen zur Umkehr geben wollte. In ihm waren jene Ängste wach geworden, die ein unbekanntes Himmelsgeschehen im Menschen auslöst, damals und heute, aber Himmel war damals mehr als der Raum für Sonne, Mond und Sterne, für Wolken, Wind und Regen; Himmel war auch Himmelreich. In Johann Jakob hatte sich vieles angestaut.

Die lichte Gestalt

Als Johann Jakob in den Wiesen auf Hülen dem Kohlenmeiler zustrebte, erschien ihm die lichte Gestalt. Was da geschah oder geschehen sein soll, wurde von Johann Jakob des Näheren erfragt. Es war ein Mittwoch, etwa 11 Uhr vormittags, trübes Wetter und es schneite. Auf einmal stand »ein Bild in Menschengestalt« vor ihm. Er war stehen geblieben, ohne besonders erschrocken zu sein, und die Gestalt begann zu reden: *Fürchte dich nicht, Johann Jakob! Ich bin der Herr, dem du ohne Unterlaß dienst. Ich will dir geben, um was du gebeten hast. Du sollst an dem Tag, von dem es heißt, es werden Zeichen geschehen, auf die heilige Stätte hintreten und predigen. Gehe hin ins Dorf und sage, daß dich der Herr berufen hat.*
Johann Jakob aber sagte: *Das glauben die Leute nicht, daß ich mit dem Herrn geredet habe.*
Darauf antwortete die Gestalt: *Ich will dir ein Zeichen an die Stirn geben, dann wird sie ein Wörtlein fällen. Zuvor aber, eh' du hingehst, ziehe deine Schuhe aus, denn der Ort, da du stehst, ist heilig. Und sage: Bessert euer Leben und Wesen, so will ich bei euch wohnen an diesem Ort sieben Jahr, wie Jakob gedient hat sieben Jahr um Rachel, und wie er* (Jesus) *vor seinem Kreuz und Tod sieben Worte hinterlassen hat.* Und weiter sagte sie: *Fürchte dich nicht und predige die Worte, die ich dir in den Mund legen werde. Halte aus, es sei zur rechten Zeit oder zur Unzeit. Ich gehe nun hin, aber ich will dich wieder vor mich fordern, wenn ich dich brauche, und werde dir sagen, was du tun sollst.*
Darauf verschwand die Gestalt, ohne daß Johann Jakob bemerkte, wie und wohin. Diese sah aber aus wie ein Mensch und war weiß gekleidet. Johann Jakob war wie geblendet von der Helle. Er meinte später, seine Augen seien zu dunkel ge-

40

wesen, als daß er das hell Glänzende hätte genau erkennen können, auch das Gesicht in seinen Einzelheiten nicht. Nach einer Weile aber sei er weitergegangen, hinab ins Kohldölle und hätte dem Kohlenbrenner das Essen gebracht.

Als Johann Jakob später vom Oberamtmann gefragt wurde, ob er nicht in die Sonne geblickt oder sich etwas eingebildet oder einen Holzstumpen für eine Gestalt angesehen hätte, antwortete er heftig: »Nein, nein! Ich weiß genau, daß der Herr mit mir geredet hat, sonst würde ich nichts sagen. Ich bilde mir nichts ein, es ist die reine Wahrheit.«

Nun macht jeder, der in eine große Helle blickt, die Erfahrung, daß sich darin die Umrisse einer Gestalt nur undeutlich abheben. So soll es auch bei Erscheinungen sein. Nach Berichten sind Einzelheiten in das Leuchtende eingeschmolzen, Formen und Farben versengt. Ein Großes oder Ganzes tut sich kund und erfaßt den Einzelnen. Ein zeitweiliger Verlust der Identität tritt ein. Dies wird aber, ähnlich wie beim schönen Traum, nicht als Schmerz empfunden, sondern eher als Gewinn: Der Betroffene kehrt ungern in seinen Alltag, ja in seine Haut zurück.

Ist also eine Erscheinung so etwas wie ein himmlisches Licht? Dante Alighieri schreibt in seinem Gesang vom Paradies:

> Von solcher Art ist dieses Lichtes Wirkung,
> daß sich von ihm zu andrem Schaun zu wenden
> aus freiem Willen nimmer möglich ist.

Johann Jakob war stehen geblieben wie einer, bei dem etwas eingeschlagen hat, war innerlich ergriffen und wußte nicht, wie ihm geschehen war. Nach und nach nahm er die Umwelt und sich selbst wieder wahr, setzte sich in Bewegung, aber er wird nun dem, was ihm widerfahren war, nachgehorcht haben. Er hatte einen Auftrag erhalten, und zunächst wird ihm kaum klar gewesen sein, was damit für ihn, den Schmiedgehilfen und Roßhirten, verbunden war. Vielleicht kam ihm der Jonas der Bibel in den Sinn, der den Auftrag erhalten hatte,

41

in der Stadt Ninive zu predigen wider die Bosheit der Leute, und der sich daraufhin erst einmal davonmachte. Sicher ist ihm auch der Erzvater Mose eingefallen, der, als er Befehl erhielt, sein Volk aus Ägypten zu führen, antwortete: »Wer bin ich, daß ich zum Pharao gehe?« und der geltend machte, daß ihm niemand glauben werde und er eine schwere Zunge habe. Aber das half dem Mose nicht, er mußte gehen und reden, und Johann Jakob mußte am Ende auch tun, wie ihm befohlen worden war.

Nun kann unsere Zeit mit Erscheinungen nicht viel anfangen. Wer solche gehabt haben will, wird auf seinen Geisteszustand untersucht und vielleicht in eine Heilanstalt eingeliefert. Aber gibt es – es soll von biblischen Gestalten einmal abgesehen werden – nicht Vergleichbares, oft sogar Visionäres bei Dichtern, Malern, Musikern? Es ist doch überliefert, daß mancher gegen alle Vernunft, gegen größte Widerstände der Eltern einer Berufung folgte, Widerstände überwand, Not und Entbehrung auf sich nahm, seine Gesundheit ruinierte, ein Vermögen durchbrachte, durch nichts und niemand sich aufhalten ließ, um einer Stimme, einer Bestimmung, zu folgen – und für einen Fanatiker und Sonderling gehalten wurde.

Johann Jakob war zwanzig Jahre alt, und zwischen dem fünfzehnten und fünfundzwanzigsten Lebensjahr geschieht jenes Dehnen und Strecken des Menschen, das seine Blütezeit darstellt. Bei manchem Großen brach in diesem Zeitraum das Geheimnisvolle der Berufung durch. Es ist schon bemerkenswert, wieviele Berühmtheiten ein klar beschreibbares Erlebnis hatten, das ihnen ihre Bestimmung zur unauslöschlichen Gewißheit machte. Manchmal war es eine Erleuchtung, bei der es dem Betroffenen wie Schuppen von den Augen fiel, manchmal eine Begegnung, wo hinter Nebel plötzlich Klarheit aufleuchtete. Oft können Stunde und Ort genannt werden. Es ist da ein Bereich, vergleichbar jenen geologischen Schichten, die wir als Quellhorizonte ansprechen.

Johann Jakob war berufen worden, war mit Großem und Neuem beladen. Seltsamer Zustand. Der Auftrag verändert die Gewichte seines Wollens und Handelns, erfüllt ihn bis zum Bersten. Hinter der bisher wahrgenommenen Wirklichkeit leuchten andere Bilder auf. In dieser Situation sah ein Pythagoras auf einmal mehr als ein bloßes Dreieck, ein Newton mehr als den fallenden Apfel. Der Berufene steht unter dem Zwang, einer Vorstellung ans Licht verhelfen zu müssen.

Johann Jakob wird predigen müssen, wenn seine Berufung denn echt war, ob er dafür die Voraussetzungen hatte oder nicht, ob die Leute ihn anhören würden oder steinigen. Der Berg von Hindernissen, den er sich einreden konnte, würde, wenn die Stunde da war, wie weggeblasen sein.

Der Tag, an dem der Chronist den Weg des Johann Jakob ging, war ein Föhntag; es lag eine silberne Helle überm Land, und im leichten Dunst standen Heersberg und Braunhardsberg am Horizont, waren ferne Wälder zu sehen und drüben, auf dem Heuberg, die Wiesen mit Schneerändern. Es war aper. Voraus aber, nicht allzu weit, ragten an der Hangkante Waldbäume auf und markierten den tiefen Einschnitt, den das Schmiechatal bildet. Dort flochten sich von beiden Seiten Waldhänge ineinander, zogen in den Talgrund, wo das Dorf liegt, von dem aber nichts zu sehen war. Vielleicht schlug dem Johann Jakob, wie jetzt dem Chronisten auch, die Glocke vom Kirchturm. Dort unten mußte sein Auftrag offenbar werden.

Johann Jakob kehrte ins Haus und in die Schmiede zurück. Er wurde gefragt: Was macht der Kohlenbrenner? Gibt es Besonderes? Und Johann Jakob gab Auskunft, ohne die Erscheinung zu erwähnen. Die Mutter und vielleicht auch der Vater werden bemerkt haben, daß mit dem Jungen etwas nicht stimmte, aber ein abweisendes Verhalten werden sie bei ihm schon öfters bemerkt haben. Doch diesmal? Mag sein, sie spürten, daß etwas Gewichtiges vorgefallen sein mußte, denn er gab wohl einsilbige Antworten und war in der Schmiede

nicht bei der Sache. Vielleicht hätte er sich gern im Stall auf-
gehalten, um mit Pferd oder Kuh oder den Hühnern zu reden; vielleicht hat er bei jeder sich bietenden Gelegenheit das
Alleinsein gesucht, um hin und her zu tappen und schwere
Worte hervorpressen zu können, denn innen muß Befremd-
liches gewesen sein, das sich langsam ausformen und ereignen
wollte.

Was aber war die Situation? Ein Dorfbub, der noch nicht seinen Platz im Leben gefunden hatte, sollte Gottes Wort verkündigen, aber nicht nur so hin, sondern Unbequemes und
bis auf den Seelengrund Reichendes sagen. Und das war ja
wohl das Letzte, was einen Dorfbuben ankommt, wenn
Überwältigendes auf ihn niedergeht. Stutzen und Staunen ja,
aber als Laie wie ein Pfarrer predigen? Von Buße reden und
bloß ein ungeschickter Schmied sein, der zwar am Pfarramt
herumgeschnuppert hat, aber dort nicht weitergekommen
ist? Vor Leute hinstehen, die seinen verzwickten kleinen Lebenslauf kennen? Im eigenen Dorf? In der eigenen Kirche,
dem hohen, weihevollen Raum, in dem er andächtig das Wort
Gottes aufgenommen hat? Nun selber?

Der Druck auf den Schmiedjungen muß ungeheuer gewesen
sein, der Auftrag wie ein Bleigewicht in ihm gelegen haben:
Predigen! Von Gericht und Strafe sprechen, gar von Hölle
und Verdammnis, er, ein Grünschnabel! Und dann der Hammer: Wenn ihr nicht tut, was durch mich gesagt wird, werdet
ihr verloren sein! Wenn ihr mich hindert, werdet ihr bestraft
werden, was ja wohl, ins Dorfdeftige übersetzt, heißt: wird
euch der Teufel holen!

Zu denken gibt, daß in allen Berichten, die später in die
Hauptstadt gingen oder von dort kamen, immer nur von einer Erscheinung oder lichten Gestalt die Rede ist, obwohl Johann Jakob sagte, der Herr sei ihm erschienen, wobei er von
einem Gottesbild oder von Christus redete – es geht dies nicht
eindeutig aus den Aussagen hervor. Aber war den aufgeklär-
ten Leuten dies zu hoch gegriffen, zu kindlich und phan-

tasmagorisch? Wäre ihnen ein Engel, die Mutter Maria, ein Prophet oder Apostel annehmbarer gewesen? Die Eltern werden später von einem Engel reden.

Unverkennbar ist, daß Johann Jakob in der Sprache der Bibel spricht. Auch Redewendungen, wie sie Pfarrer Hahn verwendete, tauchen auf. Beide, Martin Luther und Philipp Matthäus Hahn, haben solchen Eindruck auf ihn gemacht, daß er ihnen bis in die Sprachmuster hinein nachfolgt.

Johann Jakob, wieder zu Hause, war verändert, hierzulande sagt man »verwettert«. In ihm rumorte, unverständlich für Eltern und Dorfbewohner, seine Berufung. Er ging mit seinem Auftrag schwanger. Aber am ersten Advent hatte er Leute im Haus, und ihnen und wohl auch den Eltern sagte er, daß er nächsten Sonntag predigen werde. Wer aber waren diese Leute? Glaubensgenossen? Fromme Jünglinge? Suchende? Ein pietistischer Zirkel? War er also doch kein Einzelgänger? Hatte er Brüder im Geist? Diese Leute aber erzählten im Dorf und in Nachbarorten von der Erscheinung. Die Nachricht breitete sich aus wie ein Lauffeuer.

Die Obrigkeit

Am 5. Dezember 1771, Donnerstag vor dem 2. Advent, hielt Oberamtmann Lotter Jahr-Gericht in O., eine Art Gemeindevisitation, mit der er bereits am Dienstag begonnen hatte und die bis Samstag dauern würde. An jenem Donnerstag erfuhr er, daß sich im Dorf ein lediger junger Mann namens Johann Jakob, Schmiedjunge, befinde, dem Christus der Herr auf dem Feld erschienen sei und ihm offenbart habe, daß er nächsten Sonntag vor der hiesigen Gemeinde predigen solle, was er sich auch fest vorgenommen habe. »Einmal aufmerksam geworden«, schreibt er nach Stuttgart, »habe ich nicht ermangelt, diesen Menschen vorzufordern, um zu vernehmen, was an dieser Sage sei.«

Ehe Johann Jakob eintraf, erkundigte sich der Oberamtmann beim Vogt, was man denn über diesen Burschen so wisse und ob er denn sonst schon auffällig geworden sei. Der Dorfvogt konnte aber nur mitteilen, daß er bei seinem Vater in der Schmiede arbeite und zeitweilig Roßhirte gewesen sei. Gehöre zu den Frommen und sei eher scheu. Wollte Pfarrer werden. – Aha! Und nun will er Erscheinungen gehabt haben!?

Johann Jakob tritt ins Zimmer, und mit ihm wird, wie sich der Oberamtmann ausdrückt, ein »Examen« abgehalten, auch ein Protokoll darüber aufgenommen. Dem ist zu entnehmen, daß der Oberamtmann zunächst die helle Gestalt so genau wie möglich beschrieben haben wollte – das Ergebnis ist bekannt –, am Ende sich aber folgendes Frage- und Antwortspiel ergab:

– *Glaubst du, daß der Geist es fertigbringt, daß du am nächsten Sonntag in der Kirche predigen wirst?*
– *Ja, da bin ich sicher.*

– Dann hast du dir auch schon Gedanken zu deiner Predigt ge-
macht. Wie willst du denn auftreten, und über welchen Text
willst du predigen?
– Das weiß ich noch nicht. Das wird mir gesagt werden.
– Wenn aber der Geist die Verheißung nicht erfüllt, was machst
du dann?
– Ich zweifle nicht im geringsten, daß alles so geschieht. Was der
Geist verheißen hat, das hält er gewiß.

Am Ende wurde Johann Jakob das Protokoll vorgelesen. Er
war einverstanden. Dessen Richtigkeit bezeugen der Vogt Mi-
chel Haasis und die Richter Jerg Schaudt und Paul Demuth.
Obwohl nun das »Examen« durch das Protokoll ein Gewicht
bekam, wird doch deutlich, daß Oberamtmann, Vogt und
Richter das Vorhaben des Johann Jakob nicht recht ernst nah-
men. Vielleicht dachten sie, seine Wahnvorstellungen würden
sich bis zum Sonntag gelegt haben. Ein Zeichen auf der Stirn,
wie sollte das zugehen? Es wurde kein offizielles Predigtverbot ausgesprochen, nicht mit Arrest gedroht. Was konnte
man mit einem religiösen Spinner auch machen, der bisher
nichts Böses verübt hatte? Am besten, man ging freundlich
mit ihm um. »Also klar«, wird es am Schluß geheißen haben,
»Johann Jakob, keine Predigt am Sonntag!« Und vielleicht
hat ihm der Dorfvogt auf die Schulter geklopft: »Keine
Dummheiten, Johannes!« Und Johann Jakob wird seinen
Hut aufgesetzt haben und nach Hause gegangen sein. Einige Leute sahen ihn aus dem Haus des Dorfvogts kommen
und machten sich ihre Gedanken. Die Situation des Johann
Jakob war aber dieselbe, wie sie Martin Luther erlebte, der
von sich schrieb, Gott habe ihn wie einen geblendeten Gaul
ins Spiel geführt.
Die Sache mit dem Johann Jakob ging indessen dem Oberamtmann nicht aus dem Kopf. Sie kam ihm wohl nicht ganz
geheuer vor.
Er berichtet:

47

Ehe heute, Samstag, 7. Dezember, Beamter wieder aus dem Flecken sich begeben, hat er für nötig befunden, den obbenannten Johann Jakob noch einmal vor sich zu fordern und zu befragen, ob es ihm noch also sei, daß er morgenden Sonntag vor hiesiger Gemeinde predigen wolle.

– Ja, er sei noch festen Glaubens, und es werde geschehen.

– Ob ihm inzwischen von dem Geist weiter nichts verheißen worden.

– Nein. Er habe ihm genugsam verheißen, und was er versprochen, halte er gewiß.

– Wie er mich, Oberamtmann, dessen noch weiter überzeugen wolle.

– Er könne es wohl, aber er, Oberamtmann, werde es nicht begreifen und glauben.

– Was denn dazu gehöre, solches zu glauben.

– Es gehören drei Dinge dazu: Erkenntnis, Beifall und Zuversicht.

– Da hier im Flecken und aller Orten nun bekannt sei, daß er diese Erscheinung gehabt, so sei jeder in ein Nachdenken gekommen. Wenn nun aber aus der Sache nichts werde, was er, Johann Jakob, glaube, daß man dann von ihm denken und mit ihm tun werde.

– Was ihm der Geist verheißen, geschehe gewiß. Wenn es aber nicht geschehen werde, so könnte es sein, daß man ihn als Maleficanten[1] herumschleppen werde. Er wolle sich aber den Kopf nehmen lassen, wenn nicht alles geschehe, was er angegeben. Er sei dessen genugsam überzeugt.

Abschließend fragte der Oberamtmann noch, ob er, Johann Jakob, denn zum Predigen auf die Kanzel steigen wolle, wenn ihm der Geist nichts Neues befehle. Johann Jakob brachte diese Frage nicht in Verlegenheit. Er war sich seiner Aufgabe so sicher, daß er antwortete: »Herr Oberamtmann, bleiben

---

[1] Betrüger, Verbrecher

Sie doch mit Ihrem Schreiber hier und besuchen Sie morgen den Gottesdienst, dann können Sie sich von allem überzeugen.«

Was der Oberamtmann nicht erfuhr, zu diesem Zeitpunkt aber Vikar Seefels bereits zu Ohren gekommen war, ist, daß Johann Jakob geäußert hatte, er wolle in Ebingen einen Kirchenrock kaufen. Das Geld hierfür, drei Gulden, müsse ihm entweder der Kronenwirt leihen oder es müßten diejenigen, die zu ihm ins Haus gekommen seien, ihm Vorschuß geben. Johann Jakob hatte also Anhänger, auch wenn darunter mancher nur Neugierige gewesen sein dürfte. Und er sagte, vom Vikar wolle er den Talar und den Überschlag, also das Bäffchen, ausleihen. Talar war wichtig, er wies den Prediger aus, gab Vollmacht und Würde. Das war so. Das hatte er so erlebt, und was sein mußte, mußte sein.

Dem Oberamtmann fiel noch ein, daß morgen, Sonntag, ja der neue Pfarrer seine Antrittspredigt zu halten hatte. Er, Johann Jakob, werde doch diesen nicht hindern oder vertreiben wollen. »Nein«, sagte da Johann Jakob, »ohne Gottes Macht geschieht nichts.« – »Ob er denn nicht mit dem neuen Pfarrer reden wolle, vielleicht verlege der seine Antrittspredigt?« Darauf Johann Jakob: »Wenn ich so frei sein darf, möchte ich mit ihm reden.« Das befand der Oberamtmann für gut, und vielleicht, mag er gedacht haben, kann der Pfarrer mit dem fanatischen Jungen ein Übereinkommen erzielen. Durch Schulmeister Schaudt, den Mesner, ließ man Pfarrer Vellnagel wissen, daß ihn »dieser Mensch«, wie es im Protokoll heißt, sprechen möchte, und fügte hinzu, er möge ihn doch von seinem Wahn befreien und »seinen Erfund dem Gemeinschaftlichen Oberamt einberichten«.

Nun glaubte Oberamtmann Lotter, das Seine getan zu haben. Er entließ Johann Jakob mit der Drohung:

– Mein lieber Johann Jakob, ich glaube nicht an deine Erscheinung. Wenn du Unordnung machst und es zu Unruhen kommt, wirst du's büßen müssen.

– Ohne Gottes Willen kann dies alles nicht sein. Wenn er es ha-
ben will, geschieht es, und wer es hindert, wird den Lohn dafür
empfangen. So die Anwort Johann Jakobs.

Johann Jakob hatte – so viel wird aus der Befragung des
Oberamtmanns deutlich – seine Überlegungen angestellt und
sich auf einen Auftritt vorbereitet. Ob er auch ahnte, was es
heißt, sich aus der Dorfgemeinschaft beinahe mit Gewalt zu
lösen? Da erhebt sich Feindseliges, weht aus mancher Richtung ein kalter Wind. Eines war Johann Jakob allerdings immer klar: Predigen bedeutete für ihn, als Spinner angesehen
und vielleicht für verrückt gehalten zu werden. Der Bibel hatte er entnommen, daß Prediger sich mit Haut und Haar, ja
mit ihrem Leben einsetzen müssen, und er bekundete immer
wieder, daß er dazu bereit sei. Daß für ihn ein Lebensabschnitt zu Ende war, ein schwerer neuer begonnen hatte, war
ihm sicher bewußt.

Das alles geschah am Samstag vor dem zweiten Advent. »Beamter ist sofort unter einer dem Dorfvogt gegebenen Weisung, wie er der allenfalls anstehenden Unordnung steuern
solle, von hier abmarschiert.« Ob es ihm wohl war mit seinem
Verhandlungsergebnis? Er konnte sich nun die ganze Geschichte mit dem Johann Jakob nochmals durch den Kopf gehen lassen, denn drei Stunden hatte er zu gehen, bis er in Balingen im Zollernschloß anlangte.

Inzwischen marschierte Johann Jakob ins Pfarrhaus. Was sich
dort abspielte, berichtete Vikar Seefels später dem Oberamtmann. Johann Jakob brachte sein Anliegen vor mit den Worten: »Ich komme im Namen des Herrn Zebaoth und soll an
diesem heiligen Ort predigen.« Wenn sich jemand so ein-
führt, hält man ihn für übergeschnappt. Pfarrer Vellnagel war
aber offensichtlich gefaßt und versuchte auf diese Anrede hin
zuerst einmal Johann Jakob klarzumachen, daß das Lehramt
allein den von der Kirche bestellten Dienern zugewiesen sei,
und fragte ihn, was er denn predigen wolle, was er denn für
ein Wort Gottes im Herzen habe. Johann Jakob wiederholte,

daß er im Namen des Herrn Zebaoth komme. Er wolle predigen, weil das Wort Gottes heutigentags keine Kraft mehr habe und die Leute sich nicht mehr strafen ließen. Darauf der Pfarrer: *Das ist freilich so, daß nur der kleinste Haufen dem Wort Gottes gehorcht. Das allein aber berechtigt dich nicht zum Predigen. Dafür sind die ordinierten Lehrer und Pfarrer da. Kannst du mir überhaupt ein Wort aus der Bibel sagen, das dich zum Predigen berechtigt?*

Der Chronist hätte nun angenommen, daß es dem schriftkundigen Johann Jakob nicht schwerfallen konnte, ein paar geeignete Bibelstellen anzuführen oder auf die Jünger Jesu zu verweisen, die ja auch keine studierten Leute waren, aber entweder war er so verdutzt, daß ihm nichts einfiel, oder er hatte sich unter diesem Gesichtspunkt noch nicht mit der Bibel beschäftigt. Hatte er also ein schmales Wissen, das nur wie in einem Spalt in die Tiefe reichte? Vikar Seefels berichtet, Johann Jakob hätte in der Zeit einer halben Stunde nichts Passendes vorbringen können, worauf ihn Pfarrer Vellnagel mit den Worten entließ: »So gehe hin im Frieden!« Johann Jakob aber hatte seinen Auftrag nicht vergessen und antwortete: »Gott stärke Ihren Glauben! – Darf ich morgen predigen?« Darauf der Pfarrer: »Du hast keinen einzigen Spruch anziehen können, also bist du auch nicht berufen.«

Johann Jakob mußte unverrichteter Dinge abziehen, und da packte ihn wohl der Trotz. Dem Vikar wurde hinterbracht, er habe auf dem Heimweg gesagt: »Und wenn auf jeder Hausstaffel einer mit einem hauenden Schwert sitzt, so kann mich niemand vom Predigen abhalten.«

Dem Vikar schwante nichts Gutes für den morgigen Tag und er suchte am Abend nochmals Pfarrer Vellnagel auf: »Schicken Sie den Schulmeister zum Dorfvogt, er soll etwas unternehmen, damit bei Ihrer Antrittspredigt keine Unordnung entsteht. Der Johann Jakob gehört eingesperrt!« Pfarrer Vellnagel war anderer Meinung. »Wir wollen Gott walten lassen«, sagte er und beendete das Gespräch.

Die Predigt

Der Dichter Vinzenz Erath sieht 1945 in einem Gefange-
nenlager zu, wie ein deutscher Soldat aus einer Handvoll
Lehm, die er aus dem Boden gekratzt hat, eine menschliche
Figur formt. Der Soldat ist kein Künstler, hat noch nie so etwas gemacht. Am Ende seiner Tätigkeit rollt er zwei Lehm-
kügelchen schön rund, setzt sie der plumpen Figur an den
Kopf, und plötzlich hat diese ein Gesicht von bestürzender
Ausdruckskraft: dumpf glotzender Schmerz. In seiner Not,
schreibt Erath, und unter dem Zwang der Notwendigkeit
ballte sich in dem Soldaten etwas zusammen, das er los-
werden mußte: Aus einem Lehmklumpen formte sich eine
Pieta.

Johann Jakob mußte predigen. Am Sonntag, zweiter Advent,
morgens sechs Uhr, die Bauern waren bei der Stallarbeit, flog
die Nachricht durchs Dorf: Johann Jakob hat das Zeichen an
der Stirn. Dies vernimmt Philipp Gottfried Schaudt, Schulmeister und Mesner, und er eilt ins Pfarrhaus, sie Vikar Seefels zu überbringen. Der sendet ihn sofort weiter zum Dorfvogt, er möge zusehen, daß keine Unruhe im Dorf aufkom-
me. Als Schaudt beim Vogt die Stube betritt, steht dort bereits Johann Jakob und hat das Zeichen an der Stirn. Schaudt
geht auf ihn zu, sieht sich das Zeichen an und sagt: »Sieht aus
wie aufgebrannt. Ist keine Brandsalbe da? Es muß Brandsalbe drauf!« und richtet seine Botschaft aus. Der Vogt, wie angewiesen vom Oberamtmann, hat aber bereits einen reiten-
den Boten nach Balingen abgefertigt mit einem Zettel, auf
dem steht, daß Johann Jakob einen Kreis mit sieben Strichen,
wie von einem Schmiedinstrument aufgebrannt, an der Stirn
habe und predigen wolle.

Mit dieser Nachricht begibt sich Philipp Gottfried Schaudt

zusammen mit Johann Jakob wieder zurück ins Pfarrhaus. Dort betritt Johann Jakob das Zimmer des Vikars wieder mit den Worten: »Ich komme im Namen des Herrn Zebaoth«, worauf ihn der Vikar anfährt: »Du bist verrückt!« Johann Jakob sagt: »Sieh das Zeichen an meiner Stirn und gib mir den Talar!« Der Vikar, nun wütend: »Mach, daß du aus dem Haus kommst!« Und Johann Jakob geht mit den Worten: »Der Herr stärke Euch im Glauben!«

Nun schickt der Vikar nochmals den Schulmeister zum Vogt mit der Aufforderung, Johann Jakob einzusperren, aber der Vogt ist bereits, zusammen mit ein paar Richtern, auf dem Weg ins Pfarrhaus. Also reger Verkehr auf der Dorfstraße am hellen Sonntagmorgen. Und die Bauern von Stalltür zu Stalltür: Was ist denn los? Was? Der Johann Jakob mit einem Zeichen an der Stirn!

Im Pfarrhaus treffen die Männer auf den Vikar, den entschlossenen Geistlichen. Er weiß, was zu tun ist, und sagt zum Vogt: »Einsperren! Was denn sonst als einsperren? Als zuständiger Amtsverweser erkläre ich Ihnen: Sie haben den Johann Jakob einzusperren. Wenn im Dorf Unruhe aufkommt, kostet es Sie das Amt!«

Vogt und Richter trauen sich aber nicht, um »der Strafe von oben willen, die über den Flecken kommen dürfte«. Daraufhin gibt ihnen der Vikar zu verstehen, daß er als Geistlicher für Sachen mit Gott zuständig ist und alle Verantwortung sowie die zu befürchtende Strafe auf sich nehme, von ihnen aber erwarte, daß sie den Kerl endlich einsperren. Der Vogt schwenkt ein und meint, wenn er, der Vikar, die Verantwortung übernehme. Aber da meldet sich Paul Demuth, Richter, ein Mann mit eigenem Urteil, der sich vor sieben Jahren, als sich ein einflußreicher Teil der Gemeinde gegen die Bestellung von Philipp Matthäus Hahn zum Ortspfarrer ausgesprochen hatte, mutig für diesen einsetzte, nicht nur in der Gemeinde und beim Dekan, sondern auch in Stuttgart beim Konsistorium. Er sagt: »Ist die Sache von Gott, so könnt Ihr sie nicht dämpfen.« Der Vikar antwortet: »Das wollen wir sehen! Wenn ich sie dämpfen kann, so ist sie auch nicht von Gott.« Paul Demuth weiß aber, daß der Geist Johann Jakob befohlen haben soll, an dem Tag auf die heilige Stätte zu treten und zu predigen, an dem es heißt, es werden Zeichen geschehen, und sagt deshalb: »Im heutigen Evangelium heißt es, es werden Zeichen geschehen.« Das aber läßt den Vikar zornig auffahren: »Ja, am Himmel, aber nicht an der Stirn dieses Menschen!«

Hier ist anzumerken, daß am zweiten Advent über Matthäus 24 gepredigt wurde, die Ölbergrede Jesu von der Zerstörung Jerusalems, der Wiederkunft Christi und dem Ende der Welt. Jesus wird von seinen Jüngern gefragt: »Welches wird das Zeichen deiner Zukunft und des Endes der Welt sein?« Diese Frage bewegte damals viele Gemüter.

Im Pfarrhaus wurde nun nach dem Schützen, dem Dorfpolizisten, geschickt, um Wächter für Johann Jakob zu bestellen, aber da trat Pfarrer Vellnagel ins Zimmer und fragte, warum man nicht läuten lasse, es sei nun neun Uhr. Der Vogt antwortete: »Wir wollen warten, bis der Oberamtmann da ist. Ich habe in der Frühe einen Boten nach Balingen geschickt.« Das paßte nun Pfarrer Vellnagel keineswegs. Er hatte seine Antrittspredigt im Kopf und war im übrigen, wie in den Berichten steht, etwas weltfremd und konnte mit den örtlichen Verhältnissen noch nicht vertraut sein. Er befahl: »Zusammenläuten! Ich habe heute den Gottesdienst zu halten und nicht der Vikar. Ich will zur festgesetzten Stunde das Wort Gottes verkündigen, und wenn das nicht möglich ist, kann ich ja gehen.« Wegen eines Schwärmers den Gottesdienst zu verschieben, das hatte es ja wohl im ganzen Land noch nicht gegeben, und es wäre ihm vielleicht auch ein schlechtes Zeichen für seinen Dienstantritt gewesen. Es blieb dem Vikar nichts anderes übrig, als läuten zu lassen, und Pfarrer Vellnagel begab sich ins Gotteshaus hinüber. Die anderen folgten. Johann Jakob durfte ebenfalls in die Kirche hinüber, allerdings in

Begleitung der beiden Richter Jakob Haasis und Philipp Raster.

Das Gotteshaus war voll, übervoll. Die Antrittspredigt des neuen Pfarrers, auch Probepredigt genannt, und mehr noch die Nachricht von der »Erscheinung«, die Johann Jakob widerfahren war, und daß er gesagt hatte, er müsse als Prediger auftreten, war in die Nachbardörfer vorgedrungen. Ein Zeichen an der Stirn, ein von oben Erwählter – das brachte die Leute auf die Beine.

Und Johann Jakob? Wie weit bekam er die schwierige Lage, in die er Pfarrer und Gemeinde gebracht hatte, überhaupt mit? Er war sicher innerlich so angespannt, so ausschließlich auf die Ausführung seines Auftrags festgelegt, daß ihn alles, was um ihn her vorging, nur am Rand berühren konnte. Spürte er vielleicht eine höhere Führung in dem Hin und Her? War er wie ein abgeschossener Pfeil, der nicht mehr zurückgehalten werden konnte und auf vorbestimmter Bahn seinem Ziele zuflog?

Als die »Amtlichen« vom Pfarrhaus her das Gotteshaus betraten, reckten die Leute den Hals und hielten vor allem Ausschau nach dem, der ein Zeichen an der Stirn tragen sollte. Johann Jakob geht an seinen gewohnten Platz. Stilles Gebet. Setzt sich. Die beiden Richter lassen sich neben ihm nieder. Er blickt sich um, und Leute blicken zu ihm hin. Orgelvorspiel. Dann wird er unruhig, steht auf und drängt in der Bankreihe nach außen. Im Schreiben des Konsistoriums wird es heißen, er habe mit aller Gewalt die Kanzel besteigen wollen und hätte kaum davon abgehalten werden können. »*Turbatio sacrorum*!« ist da zu lesen, Frevel im Heiligtum.

Abgespielt hatte sich laut Protokoll ein kleiner Tumult. Vor dem ersten Lied habe Johann Jakob die Begierde gehabt, aus der Kirche zu gehen – und ging hinaus, und die beiden Bewacher mit ihm. Draußen kniete er an der Kirchenmauer nieder und verrichtete ein stilles Gebet. Dann stand er auf, ging zurück an die Kirchentür, öffnete sie und rief hinein: »Wer mein Wort hören will, komme heraus!« Daraufhin verließen viele Gottesdienstbesucher, besonders die aus auswärtigen Gemeinden, die Kirche und versammelten sich um Johann Jakob. Das mag ein Anblick gewesen sein – wie bei einer Beerdigung, denn zwischen den Grabkreuzen war der Friedhof angefüllt mit schwarz gekleideten Menschen. Während drinnen Pfarrer Vellnagel predigte, erhob draußen Johann Jakob seine Stimme, etwa eine Viertelstunde lang.

Was er predigte? Die beiden Richter gaben zu Protokoll: Johann Jakob kniete nieder und betete, erhob sich und stimmte das Lied an: »Bedenk, o Mensch, das Ende.« Dann rief er mit großem Ernst: »Tut Buße! Kehret um! Bessert euer Christentum, denn es hängt nur auswendig an euch, inwendig ist es nicht!« Danach sprach er vom Kometen, der vor einem Jahr am Himmel zu sehen war und prophezeite dem Dorf das Schicksal von Sodom und Gomorra, wenn eine Gnadenfrist von sieben Jahren nicht zum Bußetun genützt werde.

Sodom und Gomorra, Feuer und Schwefel auf ein sündiges Dorf, das waren schwere Androhungen. Zuletzt aber redete Johann Jakob von der teuren Zeit, was besagen wollte, von der Not und dem Elend der Tage, und er habe tröstliche Worte gefunden und Bibelsprüche angeführt.

Dann war heraus, was sich in Johann Jakob angesammelt hatte; mehr Worte hatte er nicht. In der Kirche aber war Pfarrer Vellnagel noch nicht bis zum Amen gelangt. Was nun tun? Johann Jakob ging ins Gotteshaus zurück, die Leute folgten ihm. Das wird ein Trappeln in den Gängen und ein Rascheln in den Bankreihen gewesen sein, bis alles seinen Platz gefunden hatte. Pfarrer Vellnagel dürfte mit Predigen innegehalten haben, bis Ruhe eingekehrt war, und dann den Gottesdienst zu Ende gebracht haben.

Der Friedhof war nun wieder leer. Die Gräber, in geraden Reihen angelegt und mit schlichten Kreuzen versehen, wie auf einem Bild festgehalten ist, sind wie aus einer dunklen Woge aufgetaucht. Das Eingangstor unterm romanischen Rundbo-

gen ist geschlossen, der einzelne Grabstein nebenan wieder zu
sehen. Ein friedliches Bild, und von drinnen ist der Schluß-
gesang der Gemeinde zu hören.

Da fährt der Oberamtmann in der Kutsche vor, ein wenig
später in einer zweiten der Medicus Ofterdinger als Vertreter
des abwesenden Oberamtsarztes Doktor Camerer. Dekan
Schmidlin ist vom Oberamtmann ebenfalls benachrichtigt
worden, aber er kann oder will nicht fahren. Nun ist der Oberamtmann da, und die Leute strömen aus der Kirche. Ein
mächtiger Strom, der in einigem Abstand die Kutschen um-
brandet. Der Oberamtmann. Der Medicus. Die sieht man
auch nicht alle Tage im Dorf.

Die Menschen, zuerst mit Grüßen und Erkundigungen verhalten zugange, blicken in Richtung Pfarrhaus und halten
Ausschau. Unter ihnen sind, wie der Oberamtmann zu berichten weiß, auch »fremde benachbarte Religionsverwandte
und allerlei Zuschauer«. Sie klumpen sich zu Grüppchen zusammen, und es ist, als wäre ein Zitronentropfen in Milch gefallen.

Oberamtmann und Medicus stehen vor der Kutsche; Vogt,
Pfarrer, Vikar und ein paar Richter gehen auf sie zu, begrüßen
sie, und Johann Jakob, seine Bewacher und die Eltern folgen
ihnen, wohl zögerlich. Die Leute stehen und warten. Die
Amtlichen und Betroffenen verschwinden im Pfarrhaus.

Der Oberamtmann ist wütend, und was aus ihm herausbricht,
hört sich etwa so an: »Was hab' ich gesagt! Was hab' ich erst
gestern bei meiner Abreise befohlen! Und du hast trotzdem
gepredigt! Aber so geht das nicht! So kann man mit der Obrigkeit nicht umspringen! Nicht mit mir! Nun wird ein Ende
gemacht mit diesem Narrenwerk!« So ähnlich wird es über
Johann Jakob hergegangen sein, noch ehe der Vorgang genauer aufgenommen wurde.

Und Johann Jakob steht da. Der Medicus untersucht das Zeichen auf der Stirn – gibt ja nicht viel zu untersuchen. »Eiter«,
sagt er. »Hat die Form eines lateinischen S mit vier aufge-

worfenen Strichen neben dem Brandmal. Sieht aus, als wäre das Zeichen mit einem glühenden Eisen auf die Stirn gebrannt worden«. – »Gib es nur zu«, sagt er vielleicht zu Johann Jakob, »das ist das beste, was du tun kannst.« Aber Johann Jakob antwortet: »Nein. Ich habe mir das Zeichen nicht aufgebrannt; es war am Morgen auf meiner Stirn.«

Der Oberamtmann wendet sich an die Eltern: »Und ihr? Ihr müßt doch bemerkt haben, daß heute nacht im Haus etwas vorging? Daß bei dem Jungen etwas los war? Was habt ihr gehört? Gesehen? Heraus mit der Sprache!« Die Eltern aber beteuern, ihr Sohn sei heute nacht nicht aus der Kammer gegangen, sie hätten ihn hören müssen, denn sie seien in Erwartung der Dinge wach gelegen; ihr Sohn habe auch kein Licht in der Kammer gehabt. – »Das kann doch nicht sein! Ihr müßt etwas gehört haben! Die Wahrheit auf den Tisch!« – Aber die Eltern antworten: »Herr Oberamtmann, Sie können die Leute fragen, wir haben unserem Johann immer wieder gewehrt und von seiner ›Erscheinung‹ nichts gehalten. Wir sind von vielen im Dorf deshalb schief angesehen worden, und jetzt wissen wir nicht, was wir dazu sagen sollen.«

Aus dem Protokoll ist noch Genaueres zu erfahren. Die Mutter gibt an, sie habe nach 11 Uhr ihrer achtjährigen Justina und dem Johannes in die Kammer hinauf ins Bett geleuchtet, und heute morgen nach vier Uhr habe ihr Sohn gerufen, sie solle ein Licht bringen und mit demselben an seine Stirn hinzünden. Dort habe sie zwar etwas wahrgenommen, aber nichts Genaues erkennen können. Sie habe wieder ins Bett wollen, aber noch gesagt: »Wir müssen das dem Vogt sagen.« Er habe geantwortet, man soll den Schützen kommen lassen, damit der dem Vogt sage, was geschehen sei.

Es folgen weitere Fragen zur Lage der Schmiede, ob sie verschlossen gewesen sei und ob Johann Jakob gestern geschmiedet habe. Am Ende erklären die Eltern: »Unser Sohn hat ein frommes und christliches Leben geführt. Wir können nichts anderes glauben, als daß dieses ein besonderes Zeichen ist, von Gott ihm auf eine uns unbekannte Weise an die Stirn gebrannt.«

Der Oberamtmann wendet sich nun nochmals an Johann Jakob: »Du hast dir das Zeichen auf die Stirn gebrannt! Gib's zu, und alles ist halb so schlimm!« Johann Jakob aber antwortet: »Nein, ich habe es nicht getan.«

Aus einem Protokoll, das erst auf Anforderung des Herzoglichen Rates am 22. Dezember 1771 erstellt wurde, geht hervor, daß Oberamtmann Lotter gleich anschließend ans Verhör das elterliche Haus und die Schmiede durchsuchen ließ. Zwei Gemeinderäte und Richter, Johannes Mattes und Jerg Schaudt, waren damit beauftragt worden. Sie bezeugten, auf das genaueste zuerst das Bett des Johann Jakob nach Blutspuren untersucht zu haben, danach Kammer, Wohnstube und Schmiede nach Werkzeugen, mit denen er »allenfalls das Malzeichen möchte gebrannt haben«, aber sie fanden nichts.

Auf die Frage, was für Schmiedinstrumente sie vorgefunden hätten, antworteten sie: »Diejenigen, die ein Hufschmied zu seinem Handwerk nötig hat, und nicht einmal die alle wegen der Armut des Mannes.«

Am Ende ordnete Oberamtmann Lotter an, daß Johann Jakob »wohlverwahrlich«, wie es im Bericht heißt, zu weiterem Verhör nach Balingen in den Bürgerturm abgeführt werde. Arrest also, bis an die Regierung berichtet ist und von dort Antwort und Anweisung ergehen werden. Dem Dorfvogt und denen, »die dem zugeschaut und zu viel geglaubt, werden die gehörigen Verweise gegeben, um alles wieder in die Ordnung zu bringen«.

Mittagessen des Oberamtmanns zusammen mit dem Medicus und den beiden Postillionen im Wirtshaus, und dabei noch mit ein paar Dorfbewohnern geredet, was sie denn von Johann Jakob wüßten und hielten. War ja Sonntag, da waren Neugierige um den Weg. Ihnen eingeschärft, dem Johann Jakob ja nicht zu glauben, er sei ein Betrüger.

Auf der Rückfahrt wurde der Oberamtmann sehr nachdenklich: »Es ist nicht zu leugnen«, schreibt er, »daß der Zulauf von allen Enden und Orten, von Leuten allerhand Religion enorm gewesen und dadurch gewaltiger Verstoß verursacht worden.«

Das Reden und Handeln des Johann Jakob, ausgelöst durch die Erscheinung, hatte eingeschlagen. Zulauf von »allen Enden und Orten«, das war ja beinahe eine biblische Äußerung. Viele Gottesdienstbesucher hatten von Johann Jakob etwas Besonderes erwartet oder doch für möglich gehalten. Es war geschehen und Johann Jakob nun auf dem Weg nach Balingen, zwei bis drei Stunden Fußmarsch auf dem kürzesten Weg über Berg und Tal, den Heuberg hinauf und über Streichen und Heselwangen, dann zum Zollernschloß, hinter dem, ein wenig abgesetzt und über eine Brücke zu erreichen, der Bürgerturm sich befand. Einer Rechnung ist zu entnehmen, daß die Bürger Ludwig Mattes und Georg Jetter, »welche diesen Burschen *armata manu*[1] zur Abendzeit hierher gebracht und also in der Nacht nach Hause zu gehen gehabt«, je 26 Kreuzer erhielten.

Johann Jakob saß nun in der Zelle. Die schwere Tür war geschlossen, eiserne Riegel waren vorgeschoben. Dicke Wände aus rohem Stein umgaben ihn, feuchte Luft. Und kalt war es in dem Raum im Dezember, aber es wurde eingeheizt. Wenig Helle. Unten rauschte die Eyach über ein Mühlenwehr. Es war getan. Er hatte gepredigt und war nun eingesperrt. Gefängnis. Der Chronist denkt, er war nun erleichtert, der gewaltige Druck von ihm genommen. Er war von seinem Berg Sinai herab und nun leer, wie ausgeleert – und tief unten im Dunkeln. Aber der Befehl war ausgeführt. Nun mochte kommen, was wollte und sollte. Er aber war herausgenommen aus der Familien- und Dorfgemeinschaft, stand kahl im Leben, und das war anders als manche Einsamkeit vorher: Gefängnis, entfernt von den Menschen.

[1] vermutlich: an den Händen gefesselt

Der Einsame aber wird hellhörig. Leben ist ihm nicht mehr selbstverständlich. Die hohe Wertschätzung, die dem Leiden in vielen Religionen eingeräumt wird, hat ihre Wurzeln in der Überzeugung, daß es die Tür zu einem Wissen öffnen kann, die dem Gesunden, dem Wanderer auf ausgeschilderten Wegen, verschlossen bleibt.

Johann Jakob hat im Gefängnis – er war dreizehn Tage in Balingen eingesperrt – wohl jene Erschütterungen erfahren, die zu einem neuen Lebensabschnitt gehören. Es wird ihm deutlicher zu Bewußtsein gekommen sein, daß dieses Leben in ein Jenseits einmünden will. Damit dies in voller Breite und Würde geschehen kann, muß auf manches naheliegende Vergnügen und feige In-Deckung-Gehen verzichtet werden; man durfte sich nicht vom Weg nach dorthin abbringen lassen.

Johann Jakob hatte dem höheren Gebot gehorcht und die Angst vor Menschen und irdischer Obrigkeit überwunden. Er hatte getan, was er tun mußte oder glaubte tun zu müssen, gut oder schlecht, eben wie er es konnte. Er war den gewiesenen Weg gegangen und nun im Gefängnis angekommen. Als seine Erregung abgeflaut war – und wenn er Licht hatte –, las er vielleicht noch ein Kapitel in seiner Handbibel, denn diese hatte er wohl mitnehmen dürfen. Wahrscheinlich aber ist, daß er müde war von dem langen, aufregenden Tag und dem Marsch nach Balingen und schlafen konnte.

Das Verhör

Johann Jakob erwacht im Gefängnis. Und so wie die kahlen Wände neben und über ihm Gestalt annehmen, so nimmt auch das Geschehen des vergangenen Tages Gestalt an. Er erinnert sich, und was er gestern erlebt hat, ist über Nacht erhärtet, kann nun betrachtet werden. Manche Einzelheit steht deutlich vor Augen, anderes weniger, und nun wird es irgendwie weitergehen.

Der Chronist, noch nie im Gefängnis, vermag sich nicht vorzustellen, welche Gefühle in einem Menschen hervorkommen, der etwas Ungewöhnliches getan hat, etwas, das von der Obrigkeit für gefährlich gehalten wird, und der in einem tristen, verschlossenen Raum erwacht. Wie wohl die Zeit verging, bis Schlüssel rasselten und Riegel klirrten? Irgendwann kam der Mann, der für den Arrestanten zuständig war, brachte die Morgensuppe oder holte ihn ab in eine Küche und gab ihm zu essen. Ein paar Worte werden hin und her gegangen sein, vielleicht ein scheues Fragen und Antworten. Seltsamer Bursche! Will eine Erscheinung gehabt haben. Sieht weder nach Verbrecher noch nach Scharlatan aus.

Johann Jakob wurde zum Oberamtmann gebracht, zum Verhör im Beisein des Dekans. Auch der Oberamtmann hatte nun eine Nacht hinter sich, die ein wenig Abstand zum gestrigen Geschehen brachte und trotzdem sein Denken vom ersten Wachsein an bestimmte. Es galt nun, Klarheit zu schaffen und das Geschehene gewissermaßen transportabel zu machen mit Hilfe eines Protokolls und eines Berichts. Der Oberamtmann hoffte, das Eingeständnis einer pubertären Betrügerei zu erhalten, und es begann das Fragen und Antworten. Im Protokoll ist das Gewebe dieses Hin und Her mit über 50 Wortwechseln festgehalten.

Montag, 9. Dezember 1771

– *Nun, Johann Jakob, hast du dir sicher einiges überlegt. Vielleicht ist dir klar geworden, daß es das beste ist, wenn du bekennst, wie dieses Brandmal an deine Stirn gekommen ist.*
– *Ich habe es nicht gemacht, auch sonst niemand. Es kommt von Gott. Ihr könnt mich schlagen lassen, ich will alles leiden.* (Im Protokoll ist der Zusatz eingefügt: Welches aber Oberamtmann nie in den Sinn gekommen.)
– *Hast du in der Nacht von Samstag auf Sonntag geschlafen oder gewacht? Wieviel Uhr war es?*
– *Ich habe gewacht. Morgens zwischen 3 und 4 Uhr. Es war ein weißer Mann, dessen Gesicht leuchtete wie die Sonne. Er kam ans Bett, dann war mir, als würde mich ein Floh stechen. Dann hat sich das Zeichen gezeigt. Der Mann sagte: Sage den Leuten, daß sie noch 7 Jahre Zeit zur Buße haben. Wenn sie sich aber nicht bekehren, wird es ihnen ergehen wie denen in Sodom und Gomorra.*
– *Sonst nichts?*
– *Doch. Morgen um 9 Uhr sollst du predigen.*
– *Hat die Person gesagt, daß sie dir ein Zeichen machen will?*
– *Nein. Ich habe nur gemeint, es sticht mich ein Floh.*
– *Ist das »Bild« durch die Tür hereingekommen?*
– *Ich weiß es nicht. Ich habe die Tür nicht gehen hören. Und weiter hat das »Bild« nichts geredet. Es ist vielleicht eine halbe Viertelstunde bei mir gewesen. Ich habe dann gebetet: Herr, meinen Geist befehle ich dir!*
– *Hat das »Bild« Hände und Füße gehabt? Wie sah es im Gesicht aus?*
– *Ich glaube, es hat Hände und Füße gehabt. Das Gesicht aber habe ich wegen des hellen Glanzes nicht sehen können.*
– *War es dasselbe wie beim erstenmal?*
– *Ja. Wie ein Mensch.*
– *Und du bist nicht erschrocken, wie das Zeichen auf deiner Stirn entstanden ist?*

– Nein. Es hat mir weder wohl noch weh getan.

– Wie willst du beweisen, daß das Zeichen vom Himmel gekommen ist? Es sieht doch aus, als wäre es aufgebrannt.

– Der Geist hat es mir bei der ersten Erscheinung auf dem Feld gesagt.

– Etwas anderes: Von was hast du gepredigt?

– Von der Bekehrung, von der Buße und von der Drohung. Der Geist hat es mir so eingegeben.

– Hast du nicht gesagt: O ihr Toren und Narren, glaubt mir, ich kann so gut predigen wie die Perückenmänner und die, wo in gekräuselten Haaren auf der Kanzel stehen?

– Ich habe gesagt, sie sollen mein Wort annehmen, auch wenn ich keinen schwarzen Rock anhabe und keine gekräuselten Haare oder eine Perücke habe.

– Hast du dir kein Gewissen daraus gemacht, daß du den ordentlichen Prediger mit deinem Geschwätz gehindert hast?

– Nein! Es wurde von Gott befohlen, und deshalb habe ich es tun müssen, ich hätte sonst von Gott gestraft werden können.

– Gib jetzt Gott und der Obrigkeit die Ehre und sage, wie du dieses Mal an die Stirn gemacht hast!

– Ich habe es nicht gemacht. Ihr könnt mit mir anfangen, was Ihr wollt.

Dienstag, 10. Dezember 1771

– Was hast du geträumt, seit du im Arrest bist? Ist dir der Geist wieder erschienen?

– Nein.

– Warum bist du nicht barfuß gegangen, als du gepredigt hast?

– Man geht jetzt nicht barfuß; es ist zu kalt.

– Aber der Geist hat dir doch solches befohlen?

– Da sind geistliche Schuhe gemeint, und sie bedeuten den Herzens-Wust, den man zurücklassen muß.

– Hast du denn so viel Herzens-Wust gehabt? Du hast doch ge-

stern gesagt, du seiest kein Sünder. Wo kommt dann der Herzens-Wust her?

– Ich habe nur gesagt, ich wisse mich keiner vorsätzlichen Sünde zu erinnern.

– Du hast gesagt, wenn dir jemand widerspricht, so werde den ein Wörtlein fällen. Was heißt das?

– So hat der Geist auf dem Feld zu mir gesagt.

– Du hast gesagt, der »Handel« werde viel kosten.

– Das ist wahr.

– Aber du hast das durch deine Betrügereien selbst verschuldet.

– O nein! Ich bin kein Betrüger.

– Bleibst du also dabei, daß das Zeichen von dem »Bild« gemacht wurde, das dir erschienen ist?

– Es hat derselbe, sonst niemand gemacht.

– Hat dir vorgestern, am Sonntag, jemand Geld geben wollen?

– Ja, Jakob Gonser, Matthäus Rehfuß, Jung-Matthäus Haasis und die Witwe von Jakob Boss. Ich habe es aber nicht genommen; ich will kein Geld.

– Wir wissen jetzt genug. Bekenne ein für allemal, woher das Zeichen an deiner Stirn kommt, denn wir sind sicher, daß es aufgebrannt ist.

– Ich habe es nicht gemacht, und kein anderer Mensch hat es gemacht.

– So läßt du es also auf Zwangsmittel ankommen?

– Ich muß es darauf ankommen lassen. Ihr könnt mich prügeln, stöckern, blöckern[1] oder gar mit Zangen zwicken.

Das Verhör war zu Ende. Johann Jakob wurde ins Gefängnis zurückgeführt. Das Ergebnis der Untersuchung befriedigte in keiner Weise. Für den Oberamtmann wäre das Verhör eine saubere Sache gewesen, wenn er aus Johann Jakob ein Geständnis herausgebracht hätte, etwa so, wie man einen Giftzahn zieht. Johann Jakob wäre dann ein verdruckter, gel-

[1] wohl: mit dem Stock schlagen, in den Block legen

tungsbedürftiger Junge gewesen, der hoch hinaus wollte, von dem aber anzunehmen war, daß er auf normale Wege zurückgebracht werden konnte. Er, Oberamtmann, hätte ihn dann vermahnt, und eine Strafe hätte er bereits abgesessen gehabt. Auf jeden Fall wäre die Ruhe im Dorf wiederhergestellt worden. Aber so, wie es nun stand, blieb die Angelegenheit nicht geheuer. Sie mußte höheren Orts entschieden werden, denn wer konnte wissen, was aus derlei Seltsamkeiten entstehen konnte?

Auch der Dekan konnte nicht zufrieden sein. Das Problemknäuel, das Johann Jakob darstellte, war nicht gelöst. Dem Bericht an die Obrigkeit fügte er ja hinzu, Johann Jakob hätte ihm »teils versprochen, daß er sein Lebtag sich nicht mehr unterstehen werde, dergleichen Sachen anzufangen«. Aber was heißt »teils versprochen«? Möglicherweise hat Johann Jakob dazugesetzt: »... wenn ich keinen neuen Auftrag bekomme«.

Als Ergebnis der Verhöre wird festgestellt: »Johann Jakob hat sich nichts Rechtes aus dem Wort Gottes zusammengebraut; in seiner Rede ist nichts Zusammenhängendes und viel Widersprechendes.« Dieser Eindruck konnte schon entstehen, denn Johann Jakob hatte auf keiner Hohen Schule gelernt, seine Gedanken vielfältig zu verknüpfen und klug und fachmännisch vorzutragen. Bei ihm kam manche Vorstellung wie Quellwasser nach starken Regenfällen ans Licht: Es mag manch Trübes eingemischt gewesen sein. Er glich einem Hungerbrunnen, der in verkarstetem Gelände bei hohem Grundwasserstand hervorbricht; da ist es mit dem Flußbett nicht weit her, ist oft nur ein Graben, der die Wasser nicht fassen kann. »Und muß ein unzeitiger Versuch gewesen sein, sich bei der gegenwärtigen Pfarrvacatur[2] zu produzieren.« Auch das mag sein. Wer weiß denn schon, wie seltsam Ereignisse im Verborgenen zusammenhängen.

2 der Nicht-Besetzung der Pfarrstelle von Onstmettingen

Der Bericht geht ab nach Stuttgart, und den Johann Jakob hält der Oberamtmann zunächst »in der Verwahrung auf dem Bürgerturm, teils um auf gnädigen Befehl zu warten, was mit dem Bursch vorzunehmen, teils« – und das wiegt schwer – »aus nicht ungegründeter Sorge, er möchte in O. neuen Anhang von mancherlei bigotten und leichtgläubigen Leuten bekommen und dadurch allerlei Rotten und Glaubensspaltungen vor dem Aufzug des neuen Pfarrers entstehen.« Nun hieß es warten, was Herzogliche Durchlaucht und Konsistorium zu entscheiden geruhen würden, denn das Urteil war »höchst weisester und gerechtester Einsicht untertänigst anheim gestellt«. Es dauerte auch kaum eine Woche, bis ein Regierungserlaß ausgefertigt war. Oberamtmann Lotter hatte sich vermutlich in der Überzeugung gewiegt, das Seine schnell und mit Umsicht getan zu haben, aber er mußte sich eines anderen belehren lassen. Unterm groß gedruckten Briefkopf des Herzogs von Württemberg, jeder Buchstabe prächtig anzusehen und voll Würde, war zu lesen:

VON GOTTES GNADEN CARL,
HERZOG ZU WÜRTTEMBERG UND TECK, GRAF
zu Mömpelgard, Herr zu Heydenheim und Justingen ec.
Ritter des Goldenen Vließes, und des Löbl. Schwäbischen
Creyses General-Feld-Marschall ec. ec.

Unseren Gruß zuvor, Ehrsamer, lieber Getreuer! Wir haben Euren von dem am 2. Advent-Sonntag zu O. geschehenen Vorgang erstatteten Bericht verlesen hören. Nun können Wir gleichbalden Dir, dem Ober-Amtmann, nicht verhalten, daß Wir weder mit Deiner zu O. gepflogenen Untersuchung, noch mit dem ganzen übrigen Modo procedendi[3] zufrieden gewesen, und Du besonders sehr übel daran getan, daß Du den jungen Johann Jakob nicht noch vor dem Sonntag nach Balingen abführen lassen

---

[3] Vorgehensweise

Von Gottes Gnaden CARL,

Herzog zu Würtemberg und Teck, Graf
zu Mömpelgart, Herr zu Heydenheim und Justingen zc.
Ritter des goldenen Vließes, und des Löbl. Schwä-
bischen Creyses General-Feld-Marschall zc. zc.

Aus dem Erlaß des Herzogs von Württemberg vom 16. Dezember 1771
an den Balinger Oberamtmann Lotter in Sachen Johann Jakob

68

und dadurch die ganze Unordnung verhütet hast, da Du doch
dessen Vorsatz und Hartnäckigkeit deutlich wahrzunehmen
gehabt. Ebenso wenig hat Uns Euer nachgefolgtes gemein-
schaftliches Verhör und die Berichterstattung die gehörige Sa-
tisfaction[4] gegeben, da Ihr durch allerhand unnötiges und zum
Teil wunderliches Fragen Johann Jakob, dessen Bosheit mit un-
termischter Fanatisierung aus seiner ganzen Deposition[5] er-
hellet, noch mehr in Verwirrung gebracht und die Sache in eine
solche Lage gesetzt, daß nunmehr keine Hoffnung vorhanden,
den Bursch durch ein weiteres Verhör zum Geständnis des wah-
ren Hergangs mit dem auf seiner Stirn eingedruckten Brand-
mal zu bringen. Wir haben auch sonderlich zu betrachten ge-
habt, daß Du, der Oberamtmann, nicht gleich auf der Stelle in
des Vaters Schmiedstatt die daselbst befindlichen Schmied- und
andere Instrumente zum Brennen zusammensuchen und pro-
bieren lassen, ob sich nicht eines darunter befinde, welches mit
dem Brandzeichen übereinkommt; dessen nicht zu gedenken,
daß Wir billig ein schriftliches Gutachten von dem Oberamts-
arzt erwartet haben.

Ob nun schon zutag liegt, daß in der ganzen Sache viel Bosheit
von Seiten des jungen Johann Jakob vorwaltet, auch an und für
sich richtig ist, daß er sich das Mal an der Stirn entweder selbst
angebrannt oder ihm doch bekannt sein muß, wen er dabei zu
Hilfe genommen, so wollen Wir doch von weiterer Untersu-
chung absehen und Euch befohlen haben, demselben zu bedeu-
ten, daß Wir es zwar bei dem bisherigen Arrest statt einer wohl-
verdienten anderweitigen Strafe bewenden lassen, ihn aber ver-
warnt wissen wollen, sich dergleichen Unfug und Bosheit bei
sonst zu gewärtig habender unausbleiblicher Leibesstrafe nicht
mehr zu Schulden kommen zu lassen. Anbenebens[6] habt ihr dem
Amtsarzt aufzugeben, den Bursch vor seiner Entlassung aus
dem Arrest zu besichtigen und dessen Gesundheitsumstände zu

4 Befriedigung, Genugtuung
5 hier: Erklärungen, Darlegungen
6 außerdem

erforschen, ihm nach Notdurft Arzneien zu verordnen, auch
seine Eltern anzuweisen, solche ihm zu gebrauchen und von dem
Erfolg ihres Amtsarztes von Zeit zu Zeit Nachricht zu erteilen.
Wo im übrigen Ihr, der Dekan, dem Pfarrer Vellnagel zu O.
Unsere Zufriedenheit über sein theologisches und vernünftiges
Bezeugen in der Sache zu erkennen zu geben und ihn anzu-
weisen habt, daß er noch ferner an diesem Bursch sein Amt tun
und denselben in Liebe und auf eine gute Art von dergleichen
träumerischen Ausschweifungen abzuhalten trachten – und
wofern solches nicht verfangen würde, an Euch sogleich Bericht
erstatten solle, welchenfalls Ihr denselben in Verwahrung zu
bringen und die neueren Vorfälle genugsam zu untersuchen, so-
fort den Erfund zu berichten habt, um das Weitere verfügen zu
können. Daran beschieht Unsere Meinung.

Stuttgart, den 16. Dezember 1771   *von Thumb. Rieger.*

Da hatte er's! Ein Kraftwort über die Obergscheitle in Stuttgart mochte sich in ihm nach dem ersten Lesen gelöst haben.
Er konnte keine Freude an dem Brief haben – und an Johann
Jakob, der ihm nicht nur die Rennerei beschert, sondern nun
auch noch den Rüffel eingebrockt hatte, zweimal nicht. Die
kluge Regierung! Hinterher und aus der Ferne ist gut wissen,
was man hätte tun sollen.
Es war nun Ärger zu verdauen, und dann eins ums andere zu
veranlassen: Oberamtsarzt Dr. Camerer war zu verständigen
und um rasche Untersuchung zu bitten, mit dem Dekan eine Besprechung anzuberaumen. Es war ja ein Trost, mit diesen beiden ein paar Bemerkungen über die hohe Obrigkeit
austauschen zu können.
Dekan Schmidlin schrieb an Pfarrer Vellnagel, er solle versuchen, den Schmiedjungen »in Liebe und auf eine gute Art von
seinen schwärmerischen Ausschweifungen« abzuhalten; er
war sich wohl bewußt, daß dies nicht einfach sein konnte,
denn es lagen ja keine Erfahrungen vor. Eine Geduldsarbeit.

Nun ja, es würde auf etliche begütigende Gespräche mit Johann Jakob hinauslaufen. Mit der »Hilfe Gottes und durch schicklichen Unterricht« konnte er vielleicht »von der Bosheit ab-« und wieder auf den rechten Weg gebracht werden. An Bemühungen sollte es nicht fehlen.

Zu gleicher Zeit wurde Johann Jakob dem Oberamtsarzt Dr. Camerer vorgeführt. Dessen ausführlichem Untersuchungsbericht – es ist mehr eine Befragung gewesen – ist zu entnehmen, daß Johann Jakob vor vier Jahren die »Kopfkrankheit« hatte, also Kopfschmerzen.

– Ob er da irrig geredet oder um sich selbst nicht gewußt habe?
– Nein! Es sei mehr Hitze als Frost gewesen.
– Ob er eine besondere Mattigkeit, Verdrossenheit, Schwäche im Kopf, unruhigen Schlaf oder gar Schlaflosigkeit gehabt habe?
– Nein. Er könne dergleichen nicht beklagen.
– Ob er Arzneimittel gebraucht habe?
– Nein.
– Ob er in seiner Jugend einen bösen Kopf, böse Augen, Ohren oder sonst eine Räude gehabt habe?
– Nein.
– Womit er sich sonst in der Jugend beschäftigt habe?
– Sei ein Hirtenbub gewesen.
– Ob ihm die Witterung zugesetzt habe?
– Nein!
– Ob er nicht, wenn er seinem Vater auf dem Schmiedehandwerk geholfen und mit dem schwersten Hammer gearbeitet habe, vor der Zeit müde geworden sei?
– Nein. Er habe immer hart arbeiten müssen, sei aber nie müde geworden.
– Ob er kein Nasenbluten gehabt, nie laxiert[7] habe oder zu Ader gelassen wurde?
– Nein! Nie.

[7] ein Abführmittel gebrauchen

– Ob er niemalen an Händen, Füßen oder sonst am Leib stark geschwitzt habe?
– Nein! Er sei nie zum Schwitzen geneigt gewesen.
– Ob er immer normalen Appetit und Durst gehabt habe?
– Er habe über alle diese Punkte nicht zu klagen.

Oberamtsarzt Dr. Camerer gelangte zum Ergebnis, daß es keinen Grund für die Annahme gab, die von Johann Jakob verübten Handlungen rührten von einer Krankheit her. »Keine Verrückung der Sinne oder Melancholie« sei bei ihm festzustellen.

Zuletzt hatte Johann Jakob wieder vor dem Oberamtmann zu erscheinen. Im Zollernschloß dürfte sich folgender Anblick ergeben haben: Der Oberamtmann sitzt in einem Armstuhl hinter großem Schreibtisch. Er trägt blaugrauen Rock, an der Weste glänzt eine vergoldete Uhrkette. Wenn er, verärgert oder gar wütend, aufsteht und hin und her geht, sind seidene Strümpfe und schwarze Schuhe mit Schnallen zu sehen. Wahrscheinlich ist auch, daß er eine gepuderte Perücke auf dem Kopf hat. Stattlicher Mann. Ein Herr. Und vor dem Tisch steht Johann Jakob im abgetragenen Anzug, die Hosenbeine etwas zu kurz, weil er seit der Anschaffung noch gewachsen ist, Stiefel an den Füßen, den Hut in der Hand. Oberamtmann und Arrestant.

Damit sich Johann Jakob durch die Entlassung nicht in seinem Wahn bestärkt sieht und wieder zu predigen anfängt, müssen ihm die Leviten gelesen werden. Er wird ungnädig belehrt, und ihm wird klipp und klar gesagt, was ihn erwartet, wenn er wieder mit der Predigerei anfangen sollte. Hat er verstanden? Er hat – und hat die Strafpredigt über sich ergehen lassen, es blieb ihm ja nichts anderes übrig. Wird erleichtert gewesen sein, als alles vorbei war, denn mit solch glimpflichem Ausgang hatte er nicht rechnen können. Wer in der Oberamtsstadt einsaß, war in den Augen der Landbewohner ein schwerer Junge. Vielleicht aber sah er sich auch von der lichten Gestalt, die zu ihm gesprochen hatte, wenn es denn damit seine Richtigkeit hatte, durch die erste Bewährungsprobe hindurchgetragen.

Am Ende hieß es: Nimm deine Sachen und verschwinde! Du bist entlassen! Johann Jakob konnte das unwirtliche Gemach im Bürgerturm verlassen und drei Stunden lang nach Hause marschieren. War davongekommen, und vielleicht hatte er bereits Schreiben an Pfarrer Vellnagel und den Dorfvogt zu überbringen, in denen stand, wie mit ihm zu verfahren sei; er wurde ja für gutmütig und einfältig gehalten.

Es war der Samstag vor dem 4. Advent, als sich Johann Jakob auf den Heimweg machte. Vielleicht war der Boden gefroren, vielleicht lag Schnee. Er wanderte nach Hause, aber welches Zuhause? Er wird eine andere Welt vorfinden, nicht weil das Dorf sich verändert hätte, sondern weil er eine andere Stelle in ihm einnehmen wird und weil er ein anderer geworden ist. Hat ja einen Volksauflauf zuwege gebracht, war im Gefängnis, das gibt nicht nur Gewicht, sondern auch Befremden.

Johann Jakob marschierte über Berg und Tal, und je näher er dem Zuhause kam, desto schwerer dürfte ihm ums Herz geworden sein, denn nun mußte er wieder zum Dorfgespräch werden, war wieder Fragen und Anspielungen ausgesetzt, würde man ihm mit übertriebenen oder geringschätzigen Erwartungen begegnen. Und die Eltern? Es dürfte wenig geredet und nur die groben Vorgänge berichtet worden sein. Dann war wieder Schmiede und bald Weihnachten.

Johann Jakob ist wieder da, wird es geheißen haben. Er arbeitet bei seinem Vater. Ja, er war wieder in vertrauten Räumen mit bekannten Gesichtern – vertraute Gerüche, vertraute Luft waren um ihn. Alles schien zu sein, wie es vorher war. Er besuchte die Weihnachtsgottesdienste und setzte sich an seinen alten Platz; er redete mit den Gutgesinnten.

Die erste Auseinandersetzung mit Gesetz und Obrigkeit hatte er also hinter sich und das Feld behauptet, seinen Auftrag nicht verleugnet. Allerdings wurde er auch nicht bis aufs Blut geprüft. Trotzdem war er, so ist anzunehmen, in seiner Eigenständigkeit gefestigt, waren ihm die Folgelasten seines Auftrags klarer geworden. Vermutlich wurde ihm etwas von dem deutlich, was Philipp Matthäus Hahn so umschreibt: *Der Blinde sieht das Licht nicht, bis ihm Gott die Augen auftut. Wer den freien Willen des Menschen – den Gott selbst wie einen Augapfel hütet, weil die große Bestimmung der Gottähnlichkeit darin liegt – zu viel antastet, der erweckt die Majestät des freien Willens, so daß die Menschen, ihrem Ursprung zu folgen, sich aufs äußerste wehren.*

Wer eine Erscheinung hatte, bei seinem Tun und Lassen von einer inneren Gewißheit bestimmt wird, handelt losgelöst vom unmittelbar Zweckmäßigen. Manche angelernte und eingewohnte, weltkluge und modische Verhaltensweise schiebt er auf seinem Lebensweg beiseite oder steigt über sie hinweg; Allerweltsdenken ist vom Sich-erleuchtet-Fühlenden nicht zu erwarten.

In diesem nachtwandlerischen Zustand befand sich Johann Jakob, sobald es um seinen Auftrag des Predigens ging. Wenn seine Eltern versuchten, sich in ihn hineinzudenken, so dürften sie immer bald auf Unberechenbares gestoßen sein. Von Tag zu Tag mußten sie in der Sorge leben: Was wird er heute tun? Was geschieht, wenn er den Gottesdienst besucht? – Es war abzusehen, daß er es in einer mit Gewohnheiten, Traditionen und Vorurteilen angefüllten Welt schwer haben würde und, wenn sein Predigerdrang nicht nachließ oder erlosch, er mit Dorfbewohnern und Obrigkeit erneut zusammenstoßen mußte.

Neue Zeichen

Weihnachten und Neujahr verliefen in O. ohne besondere Vorkommnisse, aber Johann Jakob war wieder da, und daß er eingesperrt war und warum er eingesperrt war, in der Leute Mund. Über die Festtage besuchten sich Verwandte und Freunde hin und her, kehrten Dienstboten heim, und man hatte zu erzählen und sich zu erkundigen. Mit einer gewissen Aufmerksamkeit wurde Johann Jakob beobachtet. Am 12. Januar 1772, es war ein Sonntag, erhielt Philipp Gottfried Schaudt einen Zettel, und mit dem machte er sich schleunigst ins Pfarrhaus auf. Es war gegen 9 Uhr und Vikar Seefels wollte sich eben in die Kirche begeben. Er überflog das Geschriebene, erkannte die Notwendigkeit, so bald wie möglich mit dem Vogt zu beraten, nur jetzt hatte er keine Zeit, denn die Glocken läuteten bereits. Auf dem Zettel aber – er wurde später von irgend jemand zerrissen und findet sich nur noch in Fetzen bei den Akten – war zu lesen:

Gestern abend um 8 Uhr ging ich nach Hause, und in der Gasse Im Winkel hörte ich eine Stimme, die sprach: »Warum tust du nicht, wie ich dir geboten habe? Warum fürchtest du Menschengebot?« Ich aber sah niemand und bin meines Weges fortgegangen. Als ich an meine Haustür kam, wollte ich sie auftun, aber sie nicht aufgehen wollte. Ich aber um mich sah, so war ein Jüngling bei mir. Ich fragte: »Wer bist du?« Er sagte: »Kennst du mich nicht? Bin ich nicht schon zweimal bei dir gewesen und habe gesagt, was du tun sollst? Fürchtest du dich vor dem, der den Leib töten kann? Fürchte dich aber vor dem, der die Seele töten kann und verderben.« Daraufhin ist er verschwunden. Die Nacht um 2 Uhr hörte ich wieder eine Stimme, und ich sah auf und ein Licht und forderte ein Zeichen. Er sprach: »Du sollst verstummen 12 Stund, wie ich im 12. Jahr

75

verloren ging[1], darum weißt du, wer ich bin. Jetzt schließe ein jedes, was ich will.«

Ehe Vikar Seefels nach dem Gottesdienst etwas unternehmen konnte, erschien, noch vor der Kinderlehre, Dorfvogt Haasis im Pfarrhaus und berichtete, er habe auf dem Heimweg von der Kirche Nachricht von Johann Jakobs neuer Verrücktheit erhalten und sofort zwei Richter in dessen Haus geschickt, um zu überprüfen, ob es mit der Stummheit seine Richtigkeit habe. Daraufhin habe er Johann Jakob durch den Schützen in sein Haus holen lassen. Johann Jakob aber sei nicht nur stumm, sondern habe auch ein Mal an der Hand.

Während der Kinderlehre wird nun Johann Jakob im Haus des Vogts von den beiden Richtern bewacht, und diese haben auch den Auftrag, zu beobachten, was um 2 Uhr geschieht, wenn diesem die Sprache wieder kommen sollte. Nach der Kinderlehre dann das Verhör durch Vikar und Vogt. Weil Johann Jakob einstweilen aber nicht reden kann, schreibt er seinen Bewachern auf einen Zettel: *Siehe, da ich muß unter Euch sein, Ihr möget's machen, wie es Euch recht und gut dünket, doch sollt Ihr wissen, wo Ihr mich verfolget, da werdet Ihr auf Euch laden das ungerechte Blut, und nicht nur auf Euch, sondern alle Einwohner.*

Es wird 2 Uhr. Die beiden Richter mit Namen Tobias Haasis und Ludwig Bosch beobachten Johann Jakob und geben nachher zu Protokoll: *Gleich nachdem es 2 Uhr geschlagen, ging Johann Jakob aus der Stube auf die Laube hinaus, kniete nieder, faltete die Hände auf dem Tisch und legte den Kopf darauf. Dann krümmte sich sein Leib, und er scharrte etliche Male mit den Füßen. Darauf, ehe er noch aufstand, sagte er die Worte aus dem 119. Psalm: »Ich bin ein verwirrt und verloren Schaf. Suche deinen Knecht, denn ich vergesse deiner Gebote nicht.« Daraufhin ging er in die Stube zurück, und als wir ihn aufmunterten, doch auch etwas zu sagen, was wir verstehen*

[1] eine Anspielung auf den 12jährigen Jesus im Tempel

und glauben könnten, antwortete er: »Ich kann nicht mit den Weltmenschen und Spöttern reden.« Zuletzt fragten wir ihn, warum er sich gestern habe erbrechen müssen, worauf er antwortete: »Ich muß gereinigt werden von Sünden.«

An dieser Stelle ist anzumerken, daß der 119. Psalm wie geschaffen war für die Situation, in der sich Johann Jakob befand. Es ist da unter anderem zu lesen: »Wende von mir Schmach und Verachtung, denn ich halte deine Zeugnisse. Laß mich nicht zuschanden werden.« – »Die Stolzen haben ihren Spott an mir; dennoch weiche ich nicht von deinem Gesetz.« – »Dein Wort ist meines Fußes Leuchte und ein Licht auf meinem Wege.« – »Du wirfst alle Gottlosen weg wie Schlacke, darum liebe ich deine Zeugnisse.« – »Ich bin gering und verachtet; ich vergesse aber nicht deine Befehle.« Aus den 176 Versen dieses Psalms, mit dem sich Johann Jakob offensichtlich sehr beschäftigt hatte, sprechen Verzweiflung, Klage, Anfechtung, aber auch Mut und Bekenntnis zum Durchhalten.

Johann Jakob wird von Vikar und Vogt vernommen. Er ist willig und gibt Antworten. Aus dem sehr ausführlichen Protokoll geht hervor, daß er am Tag zuvor, also einem Samstagabend, bei Paul Demuth war. Vielleicht wurde dort eine »Stunde« gehalten. Auf dem Heimweg hatte er die auf dem Zettel beschriebene Erscheinung. Er gibt noch an, daß er nachts nicht nur ein Licht »gerade über mir« gesehen habe, sondern auch eines auf dem Tisch. Und es werden Johann Jakob weitere Fragen gestellt:

– *Was hernach weiter bei ihm geschehen sei?*
– *Er habe von Stunde an nicht mehr reden können. Er habe es mit seiner Mutter versucht, aber nicht können.*
– *Er habe geschrieben: »Jetzt schließe ein jedes, was es will.« Wie das zu verstehen sei?*
– *Daß die Sache von Gott sei.*
– *Was er jetzt zu tun im Sinn habe?*

– *Wieder zu predigen.*
– *Wann?*
– *Sobald ihn Gott dazu berufe, er wisse aber nicht, wann es geschehen werde.*
– *Warum er auf den Zettel geschrieben habe, das »ungerechte Blut« und nicht das gerechte oder unschuldige?*
– *So habe es ihm der Geist eingegeben, gleichwie er ihm die ganze Rede auf dem Zettel eingegeben habe.*
– *Warum er, als der Schütz ihn holte, geschrieben habe: Wann er reden könne, komme er mit, weil man vorher nichts mit ihm anfangen könne – dann aber doch bälder gekommen sei?*
– *Er stehe immer noch unter der Obrigkeit und müsse gehorchen.*
– *Ob er nicht glaube, daß, wenn seine Sache von Gott wäre, der Herr ihm auch die Tüchtigkeit verleihen würde, etwas Rechtes und Verständliches vorzubringen?*
– *Es werde kommen.*
– *Ob er glaube, daß Gott ihm so wirre Dinge eingebe, daß kein Verstand darin sei?*
– *Ja, er glaube es.*
– *Ob er sich nicht zurechtweisen lassen wolle, wenn man ihm zu seinem eigenen Besten den Rat gäbe, von der Sache gänzlich abzustehen und keine Unruhe und Unordnung weiter anzufangen?*
– *Er wolle folgen, soviel er könne, aber er müsse Gott mehr gehorchen denn den Menschen, und es müsse sich erst zeigen, ob eine Unordnung entstehe, wenn er wieder predigen werde.*
– *Ob er beim Hochlöblichen Oberamt erscheinen werde, wenn er vorgefordert werde?*
– *Ja, wenn man wolle.*

Sofort wird nun ein Schreiben an das Gemeinschaftliche Oberamt aufgesetzt, dem das Protokoll beigelegt wird. Es heißt darin: *Das Hochlöbliche Oberamt möge mit mehrerem ersehen, was für Unruhe der Schmiedjunge Johann Jakob durch*

78

vorgegebene² neue Erscheinungen wiederum verursacht hat.
Wir haben die Sache so genau wie möglich untersucht und er-
statten, wie befohlen, sofort Bericht. Johann Jakob verwirrt aufs
neue die ganze Gemeinde, und wenn ihm Vorhaltungen ge-
macht werden, antwortet er, er müsse tun, was ihm befohlen sei.
Mithin fruchtet keine Vorstellung³ bei ihm. Es unterschreiben
»eines Hochlöblichen Oberamts gehorsamste Pfarrvicarius
und Vogt«.

Nun gibt es in der Bibel eine Geschichte, in der berichtet
wird, daß der Vater des Bußpredigers und Täufers Johannes
verstummen mußte, weil er einer Erscheinung nicht folgte.
Im Evangelium des Lukas wird berichtet, daß zur Zeit des Kö-
nigs Herodes ein Priesterehepaar mit Namen Zacharias und
Elisabeth lebte, beide bereits in höherem Alter und kinderlos.
Eines Tages erschien Zacharias ein Engel und stand zur Rechten des Räucheraltars und sprach: »Fürchte dich nicht! Dein
Gebet ist erhört. Dein Weib wird einen Sohn gebären, den
sollst du Johannes heißen.« Zacharias aber zweifelte: »Ich bin
alt und mein Weib ist betagt.« Darauf der Engel: »Ich bin Ga-
briel und bin gesandt, mit dir zu reden, daß ich dir solches
verkündige. Und du wirst verstummen bis auf den Tag, da
dies geschehen wird, darum, daß du meinen Worten nicht geglaubt hast.« Als Zacharias aus dem Tempel ging, konnte er
nicht mehr reden, und seine Stummheit dauerte, bis ihm der
verheißene Sohn geboren wurde. Als er dessen Namen auf ein
Täfelchen schreiben wollte, »ward sein Mund und seine Zunge aufgetan, und er redete und lobte Gott«.

Diese Geschichte war Johann Jakob, der Buße predigen wollte oder sollte, bekannt. Er kannte sie nicht nur, seit er die Bibel las, sondern seit Kindertagen, denn es war eine beliebte
Erzählgeschichte im Religionsunterricht und von Kindern
gut zu verstehen. Also: Johannes, Bußprediger, Engel Gabri-

² vorgespiegelte
³ Ermahnung, Warnung

el, Räucheraltar, und Kohlenmeiler, Erscheinung – in Johann Jakob mochte sich einiges zusammengebraut haben. Er verstummte für zwölf Stunden und hatte ein Mal an der Hand.

Anderntags, 13. Januar, wurde Gemeinderatssitzung gehalten und *von Seiten des Gerichts gehorsamst einberichtet, daß es anjetzo scheine und sich voll offenbare, daß sich unter hiesiger Gemeinde eine Zwiespältigkeit hervortun wolle, denn das Volk läuft hier und da in die Häuser. Der Irrtum ist bei vielen Leuten sehr groß. Die einen stoßen sich an diesem, die andern an jenem. Von Seiten des Gerichts sieht man sich deshalb genötigt, auch weil man fürchtet, es möge ein Unglück über den Flecken kommen, einzuberichten, damit ein Herzogliches Oberamt uns helfe, die zum jungen Johann Jakob stoßenden verirrten Gemeindeglieder von ihrem Irrtum loszureißen und zu besserer Weisheit und Erkenntnis des wahren, allmächtigen und allein weisen Gottes zu führen.*

Diesem Bericht fügt Dorfvogt Haasis hinzu: *Neben dem kann ich wegen den so verkehrten Sachen als Ortsvorgesetzter nicht bestehen, weil in dieser Sache sich viele an mir und den gesamten Richtern stoßen und meinen, wir täten in der Sache jederzeit zu viel; man solle ihn machen lassen. Ich samt dem Gericht sind aber nicht überzeugt, ihn in seinem träumerischen Wesen fortmachen zu lassen. Wir getrösten uns ein für allemal der Hilfe höheren Orts, nämlich eines hochlöblichen Gemeinschaftlichen Oberamts.* – Es unterschreiben der Vogt und zwölf Richter, darunter auch Paul Demuth, bei dem Johann Jakob aus- und einging.

Nun ist das Gemeinschaftliche Oberamt am Zug, also Oberamtmann Lotter und Dekan Schmidlin. Sie berichten mit Schreiben vom 18. Januar 1772 an die Herzogliche Durchlaucht, was sich neuerdings mit dem »berüchtigten Schmiedjungen« zugetragen haben soll. Dem Schreiben beigelegt sind der ärztliche Untersuchungsbericht und das Protokoll der Hausdurchsuchung, die der Oberamtmann seinerzeit am

2. Advent hatte durchführen lassen. Übersandt werden auch die »Billets«, also die Zettel, die Johann Jakob während seiner Stummheit geschrieben hatte. Das Urteil wird »dem höchst Erleuchteten Wohlgefallen Herzoglicher Durchlaucht anheimgestellt«.

Dorfvogt und Richter haben nun das Ihre getan. Sie mißtrauen Johann Jakob und wollen wohl auch die Gemeinde nicht der Lächerlichkeit preisgeben. Das Dorf aber ist in Erregung. Einige sagen: Der Johann Jakob soll predigen. Wer weiß, was sonst über uns kommt? Es gibt Geschichten in der Bibel. Im letzten Jahr haben wir den Kometen gesehen. Andere sagen: Hat der Spinner noch nicht genug vom Arrest? Er gehört ins Irrenhaus! – Johann Jakob aber hatte gegen das Predigtverbot nicht verstoßen, nur war er als unberechenbar erkannt und konnte Aufruhr und gewalttätige Handlungen auslösen. Bei Einfältigen und Fanatikern ist vieles möglich.

Und die Eltern? Ängstliches Beobachten des Sohnes. Er war eingesperrt gewesen. Hatte ihn dies verändert? Nun war der Schwarmgeist bei ihm wieder ausgebrochen. War ihr Sohn nicht doch geistesgestört? Oder war alles nur Wichtigmacherei und Geltungsbedürfnis? War er nicht doch zum Predigen berufen?

Die Predigt im Pfarrhaus

In diesen Tagen tritt Pfarrer Vellnagel seinen Dienst in der Gemeinde an, und er kommt unverzüglich dem Auftrag nach, Johann Jakob »in Liebe und auf eine gute Art von seinen schwärmerischen Ausschweifungen« abzubringen. Kaum damit begonnen, muß er wegen des Aufsehens, das Johann Jakob mit Erscheinungen, Stigmatisierung und Verstummen erregt, einen Bericht über seine Bemühungen einreichen. Er schreibt am 29. Januar 1772 an den Dekan in Balingen: *Nachdem ich den beim Amt wohlbekannten Johann Jakob in Kraft Herzoglicher Resolution seit meinem Dienstantritt am 14. dieses Monats verschiedentlich zu mir berufen, habe ich ihn am vergangenen Sonntagnachmittag über meine am Vormittag getane Predigt erinnernd befragt und ihm endlich den Antrag gemacht, nach ein oder zwei oder drei Tagen Vorbereitung eine Rede über das Evangelium vor mir und meiner Frau abzulegen.* Ob er sich getraue, solches zu tun? Und Johann Jakob, als hätte er darauf gewartet, sagt sofort zu.

»Am folgenden Dienstag«, schreibt Pfarrer Vellnagel, »2 mal 24 Stund hernach, kam er richtig und bereitwillig, die Rede zu halten.« Die Pfarrersleute machen es sich in der Stube bequem, und Vellnagel bittet Johann Jakob, zuerst ein Vaterunser zu beten, was mit großer Andacht geschieht. Dann predigt er »so geistreich über eine Viertelstunde, so fertig und ohne Anstand[1]« von den beiden Wundern im Evangelium, der Heilung des Aussätzigen und dem Knecht des Hauptmanns zu Kapernaum, »daß ich selber erbaut war und mich des wunderte«. Johann Jakob verweist sehr sinnvoll auf den Zusammenhang von leiblichem und geistlichem Aussatz,

[1] hier: ohne Schwierigkeiten

kommt auf Jonas von Ninive, auf Salomo und die Königin Saba vom Reich Arabien zu sprechen und leitet als Ergebnis ab: »Der Tag der Heimsuchung und des Heils ist heute und hier.« Endlich schließt er seufzend mit dem Gebet Davids und dem »Behüte mich, denn ich harre dein. Amen.« Pfarrer Vellnagel gibt Johann Jakob zum Abschied den Rat, er solle sich befleißigen, seine Gedanken ordentlich niederzuschreiben. »Und das allein«, fügt er hinzu, »habe ich als eine Rarität zum Amt des Dekanats berichten wollen und will mit solchem allen mit Ehrerbietung sein Euer Hochwürden, hoch zu ehrender Herr Spezial-Superintendent gehorsamster Pfarrer und Diener M.K. Vellnagel.«

Mit diesem Schreiben legte Pfarrer Vellnagel bei seinen Oberen keine Ehre ein. Johann Jakob aber erhielt Auftrieb. Es konnte nicht verborgen bleiben, daß er ein paarmal im Pfarrhaus ein- und ausgegangen war, auch daß er dort eine Predigt gehalten hatte. Die Zahl seiner Anhänger dürfte zugenommen haben, und im Dorf war zu hören: Johann Jakob kann predigen wie einer; mit der Erscheinung kann es seine Richtigkeit haben; es gibt Sachen zwischen Himmel und Erde, aber der Johann Jakob darf nicht predigen, die Oberen sind dagegen.

Die Mühlen der Obrigkeit

Oberamtmann Lotter leitet das Schreiben des Vogts von O. zusammen mit Protokollen und Begleitschreiben so schnell wie möglich an die Herzogliche Regierung nach Stuttgart weiter, Dekan Schmidlin dasselbe zusammen mit dem Bericht von Pfarrer Vellnagel an das Konsistorium. Als dort die Nachricht von den »angeblichen Visionen und Predigtunternehmen« des Johann Jakob gelesen wird, schrillen die Alarmglocken. Es wird ein Schreiben an den Herzoglichen Rat aufgesetzt, in dem man sich beschwert, im Dezember 1771 in dieser »in das Geistliche mit einschlagenden und schon ziemlich viele Bewegung machenden Sache« nicht genügend in die Beratung einbezogen worden zu sein. Nun wolle man zuwarten, ob und was die Herzogliche Regierung in dieser Sache an das Konsistorium gelangen lasse.

Das Schreiben zeigt Wirkung. Zwei Tage später erhält das Konsistorium die gewünschten Informationen und nimmt nun deutlich zum Fall des »fanatischen Schmiedjungen Johann Jakob und dessen neuerlichen boshaften Unternehmungen« Stellung. Zu lesen ist, daß man nicht daran zweifle, daß die Herzogliche Regierung nun eingesehen habe, daß es besser gewesen wäre, wenn sie gegen ihn schärfer vorgegangen wäre. Da man Johann Jakob nach den im Dezember vorgelegten Akten bereits als einen ausgelernten Betrüger habe ansehen können und müssen, dessen boshaften Aufruhr aber habe ungeahndet hingehen lassen, habe man besorgt[1], daß derselbe, wie nun zutag liege, in seinen Unternehmen immer dreister werde. Das weltliche Oberamt Balingen hätte die Vorfälle verhindern können, wohingegen Vikar, Dorfvogt

[1] befürchtet

und Richter zu loben seien, weil sie sich bei der häßlichen Sache standhaft gezeigt und der Bosheit nie nachgegeben hätten. Johann Jakob aber, ein junger Mensch von 20 Jahren, der seine Vorhaben unheilvoll schnell zur Ausführung bringe, besitze vielleicht etwas mehr Gaben als dergleichen Burschen und sei hochmütig geworden, was sich auch daran zeige, daß er bereits mit 14 Jahren Theologie studieren wollte, wovor ihn die Pastoren Hahn und Krafft abhielten. Bei Gelegenheit des Pfarrwechsels habe er nun geglaubt, seine Absichten leicht verwirklichen zu können und deshalb ein ganzes Gewebe bösartiger Erpressungen mit vielem Vorbedacht zusammengezettelt, um so zu seinem Ziel zu kommen. Man finde, wie es auch das neuerlich eingeholte ärztliche Gutachten äußere, bei diesem Menschen nicht das mindeste von einer Verrückung der Sinne oder Melancholie, sondern es zeige sich durchgängig eine abgefeimte Bosheit. *Mit seinen Betrügereien hat er Schaden getan. Jedermann weiß, was dergleichen Vorgänge bei gemeinen[2] Leuten für Eindruck machen. Nun beharrt er auf seiner Erscheinung und hat überhaupt die Heilige Schrift zu seinen Schwärmereien mißbraucht. Die Herzogliche Regierung möge nun ermessen, welche Bestrafung ein 20jähriger Bursche, der die Pubertätsjahre überschritten hat und straffähig ist, für dergleichen Betrügereien verdient.*

Das Konsistorium hält auch für unumgänglich, eine schnelle Verfügung zu treffen, wobei nicht nur auf die Bestrafung des Johann Jakob, sondern auch seine »Zurechtbringung«[3] und zuverlässige Steuerung aller weiteren Bewegungen in der Gemeinde O. abgestellt werden soll. Dies könne am besten geschehen, wenn er in Bälde weggeschafft und eine geraume Zeit in das Ludwigsburger Zucht- und Arbeitshaus eingewiesen werde. *Man kann vom Gefängnispfarrer erhoffen, daß er keine Mühe spart, durch schicklichen Unterricht Johann Ja-*

2 einfach, ungebildet
3 Besserung

kob von seiner Bosheit ab und auf rechten Weg zurückzubrin-
gen. Er wird alldorten ob der Arbeit am ehesten seine Träume-
reien verlieren, auf die ihn der Müßiggang geleitet hat. Neben
dem kommt er aus den Augen der Gemeinde, und der durch die
bisherigen Vorgänge gemachte Eindruck wird nach und nach
vergehen.

Besonders wichtig erscheint dem Konsistorium, daß die Gemeinde durch ein Geständnis davon überzeugt wird, »daß
seine angeblichen Visionen erdichtet, er sich die Stigmata
selbst gebrannt und der vorgegebene Verlust der Sprache auf
12 Stunden eine bloße Verstellung von ihm gewesen«. Um
dies zu erreichen, sollen Pfarrer und Pfleger des Zucht- und
Arbeitshauses den Auftrag erhalten, die Wahrheit und den ei-
gentlichen Verlauf herauszubringen, »allenfalls auch durch
Schläge«, damit man der Gemeinde diese Aussage bekannt-
machen und sie von dem Wahn und Irrtum, in die sie dieser
Mensch gebracht, abbringen könne. Dekan Schmidlin aber
erhält den Auftrag, sich nach O. zu begeben und daselbst »zur
Beruhigung und Bewahrung der Gemeinde eine Kasual-Pre-
digt[4] abzulegen und die Gemeinde wieder in die rechten Wege einzuleiten«.

In den folgenden Tagen geht beim Konsistorium ein weiteres Schreiben des Dekans Schmidlin ein, in dem berichtet
wird, »was in Ansehung des Schmiedsjungen unternommen
worden« ist. Dieser Bericht veranlaßt das Konsistorium, sofort zwei Schreiben aufzusetzen. Das erste geht an die Herzogliche Regierung. In ihm wird nochmals beklagt, daß der
»freche Schmiedsjunge« nicht sofort von O. weggeschafft
worden ist, weil nämlich »leicht zu erachten sei, daß dieser,
nachdem ihm seine Streiche gelungen, seine Bosheit weiter
treiben werde«.

Das andere Schreiben geht »Zum Herzoglichen Dekanatamt
Balingen per Posta«.

---

[4] Predigt aus gegebenem Anlaß

Unsern Gruß zuvor, Ehrsamer, lieber Getreuer! Kaum hatten wir uns bei unserem Herzoglichen Konsistorium die eingekommenen Akten von den neueren und anhaltenden Schwärmereien des zu O. befindlichen fanatischen Schmieds-Jungen Johann Jakob des mehreren gehorsamst vortragen lassen, als wir aus Eurem unterm 31. Januar erstatteten Bericht zu ersehen gehabt haben, was sich von Seiten des Pfarrers Vellnagel in Ansehung des gedachten Schmieds-Jungen neuerlich zugetragen habe und jener gar weit gegangen sei, ihn, Johann Jakob, in seiner Gegenwart eine Rede halten zu lassen und ihn solchergestalten in seinen boshaften Träumereien gleichsam selbst noch zu stärken. Nachdem wir aber den von Pfarrer Vellnagel getanen Schritt also beschaffen finden, daß wir denselben keineswegs gutheißen können, und dannenhero auch allen ferneren widrigen Folgen beizeiten vorgebogen[5] wissen wollen, also wollen wir Euch hiemit aufgegeben haben, ihm ernstlich zu bedeuten, daß er sich nicht mehr gelüsten lasse, mit diesem Burschen dergleichen vorzunehmen und ihn in seinen Träumereien zu bestärken, sondern sich angelegen sein lasse, diesen Menschen wie seine Amtsvorgänger auf eine vernünftige und kluge Weise von seinen tollen und berufslosen[6] Absichten völlig ab- und auf den rechten Weg zu bringen. Hiezu ist aber eine entgegengesetzte Behandlung vonnöten. Ihr, Dekan, werdet gehörig zu überwachen wissen, damit sich dergleichen nicht wiederholt, sondern vielmehr der junge Johann Jakob seinen Umständen gemäß, von Pfarrer Vellnagel mit Liebe und Ernst behandelt, von derlei ungebührlichen Anmaßungen zuverlässig abgehalten werden möge. Hieran beschieht unsere Meinung, und wir verbleiben Euch in Gnaden gewogen.   F. W. Frommann, D. Lud. Eb. Fischer.

Am 31. Januar 1772 wird in Gegenwart zweier Konsistorialräte, die wegen eines Ehe-Gerichtstages ohnehin der Sitzung

---

[5] vorgebeugt
[6] aussichtslosen

beiwohnten, von der Herzoglichen Regierung ein zusammenfassender Bericht an den Geheimen Rat, und damit vermutlich auch zur Kenntnis von Herzog Karl Eugen, abgefaßt. Es ist darin von einer »übergroßen Apprehension«[7] die Rede, welche unter der Gemeinde von O. verursacht worden sei, und es wird vermutet, daß *dieser Mensch, wenn bei ihm nicht auf andere Mittel gedacht wird, in seiner Bosheit immer weiter gehen dürfte.* Deshalb sei eine *schleunige Verfügung unumgänglich nötig, bei der nicht nur auf Bestrafung, sondern auch auf Zurechtbringung und neben dem auf eine zuverlässige Steuerung aller weiteren besorglichen[8] Bewegungen abgezweckt werde. Dieses würde am sichersten erreicht werden, wenn Johann Jakob in Bälde von O. hinweggeschafft und auf eine geraume Zeit so schnell wie möglich in das Ludwigsburger Zucht- und Arbeitshaus getan würde. Man könne zum Pfarrer in gedachtem Haus die zuversichtliche Hoffnung tragen, daß er ihn mit der Hilfe Gottes durch schicklichen Unterricht von seiner Bosheit ab- und wieder auf den rechten Weg zu bringen keine Mühe sparen werde. Er würde auch alldorten zur Arbeit angehalten, und solchergestalten würden sich seine Träumereien am ehesten verlieren, mit welchen er sich in seinem bisher gewohnten Müßiggang zur Stärkung seiner heillosen Betrügereien sehr unnötig unterhalten habe. Neben dem komme Johann Jakob auf solche Weise auch aus den Augen der durch ihn ganz irre gemachten Gemeinde. Der Kammerrat und Zuchthauspfleger aber dürfte anzuweisen sein, nach Verfluß eines halben Jahres ausführlichen Bericht zu erstatten. Würde Johann Jakob nicht gutwillig zum Geständnis schreiten, sollte er trotzdem nicht geschlagen werden, weil er dadurch an seinen Verstandeskräften Not leiden könnte. Vielmehr sollte dem Zuchthausarzt aufgegeben werden, Johann Jakob von Zeit zu Zeit zu besuchen, seine Leibes- und Gemütsumstände sorgfältig zu erklären und ihm*

[7] Ergriffenheit
[8] bedenklichen

benötigten Falles mit dienlichen Arzneimitteln an Handen[9] zu gehen.

Die Antwort des Geheimen Rates läßt nicht lange auf sich warten. Weil Johann Jakob wegen seiner neuen Erscheinungen und der Stummheit vom Gemeinschaftlichen Oberamt noch nicht verhört wurde, sei dies zuerst zu veranlassen. Wenn aber Johann Jakob »bei der mit ihm fernerweit vorzunehmenden Inquisition[10] auf seinen vorigen Äußerungen hartnäckiger Weise beharren würde«, solle er in das Ludwigsburger Zucht- und Arbeitshaus eingeliefert werden. Unterschrieben ist das Dekret von den Geheimen Räten Von Uxkull und Renz.

Was der Geheime Rat sonst noch anordnet, findet seinen genauen Niederschlag im abschließenden Erlaß der Regierung an den Oberamtmann zu Balingen. Er ist vom 6. Februar 1772 datiert und lautet:

Unsern Gruß zuvor, Ehrsamer, lieber Getreuer!

Uns ist aus Eurem wegen des Schmiedsjungen Johann Jakob zu O. erstatteten untertänigsten Bericht des mehreren referiert worden. Da nun Johann Jakob über die angegebene Mär »Erscheinung« und die erdichtete 12stündige Stummheit sowie das neue Mal an der linken Hand von Euch noch nicht vernommen worden, also wollen wir Euch aufgegeben haben, denselbigen nochmals vor Euch zu bescheiden und ihm von Neuem sowohl die Unwahrscheinlichkeit seiner vorgeschützten ersteren und letzteren Erscheinungen, als auch daß die beiderlei Male an der Stirn und Hand geflissentlich gemacht worden seien, zu Gemüt zu führen mit dem Anhang, daß man von ihm nimmermehr abzulassen gedenke, bis er die reine Wahrheit durchgehends eingestehen und ein lauteres Bekenntnis ablegen werde. Von Oberamts wegen habt Ihr Euch dann auch alle Mühe zu geben, ein

9 behilflich zu sein
10 Befragung

richtiges Geständnis zu erlangen. Für den Fall, daß Johann Ja-
kob alles ernstlichen Zuspruchs ungeachtet auf seiner bisherigen
falschen Vorspiegelung hartnäckig beharren sollte, habt Ihr den-
selbigen einsperren zu lassen und aus dem Arrest heraus meh-
rere Vernehmungen anzustellen, um dadurch die Wahrheit von
ihm hervorzulocken, zuletzt aber mit dem Ludwigsburger
Zucht- und Arbeitshaus zu drohen und daß man daselbst durch
schärfere Mittel ihn zum Geständnis zu bringen wissen würde.
Wenn aber auch diese Bedrohung bei Johann Jakob fruchtlos
sein sollte, so wollen wir Euch angewiesen haben, ihm zu allem
Überfluß, um das Maß voll zu machen, 24 Stunden lang Be-
denkzeit zu geben. Sodann aber, wofern bei ihm kein Geständnis zuweg gebracht, denselbigen wirklich in das Ludwigsburger
Zucht- und Arbeitshaus wohlverwahrlich abführen zu lassen
und von allem, was bei solcher zweiten Inquisition erklärt worden, untertänigst Bericht zu erstatten.
Falls hingegen der Johann Jakob bei dieser angemessenen und
ernstlichen Vernehmung in sich gehen und die wahre Beschaf-
fenheit von sich kommen lassen würde, so habt Ihr auch die auf
die eine und andere Weise beteiligten Personen zu Protokoll zu
vernehmen und die nötige Untersuchung zu pflegen, auch hier-
von Bericht zu erstatten und ferneren gnädigsten Beschluß in
Untertänigkeit zu gewärtigen. Daran beschieht unsere Mei-
nung, und wir verbleiben Euch in Gnaden gewogen.
Stuttgart, den 6. Februar 1772.   E. Rieger. Harpprecht.

Nach Eingang dieses Schreibens wurde Johann Jakob umgehend auf das Oberamt beschieden. Allen »Zuredens und aller Vorstellungen ohngeachtet« gab er aber alles, was mit ihm
vorgegangen, als Wahrheit aus. *Und ob man von Gemein-*
schaftlichen Oberamts wegen sich alle mögliche Mühe gegeben,
ein Geständnis zu erlangen, ist er auf seinen Irrwegen und bis-
herigen falschen Vorspiegelungen hartnäckig beharret, ohne die
mindeste Umkehrung seines verderbten Sinnes Platz greifen zu
lassen. Johann Jakob wurde daraufhin in den Bürgerturm ab-

geführt, »worauf an ihm wahrgenommen, daß er hierüber
errötet«. Damit hatte er wohl nicht gerechnet.

Am 20. Februar wird Johann Jakob ein weiteres Mal ausführlich verhört und ihm klargemacht,

– daß Gott nirgends ein solch niederträchtiges Zeichen jemals ei-
nem Menschen, den er zu seinem Dienst gebrauchen wollen, an
die Stirn hat brennen lassen,

– daß seine Stummheit allen Umständen nach nur Wichtig-
tuerei gewesen,

– daß er ja selbst bekenne, sein gelbes Zeichen an der Hand ha-
be sich gleich wieder verloren,

– daß, wenn Gott auch ein Zeichen mache, dieselben allemal ei-
nen sehr großen und wichtigen Erfolg haben. Es wäre aber der-
gleichen bei ihm nicht erfolgt, nichts Außergewöhnliches von
ihm vorgetragen worden. Lauter zusammengeraspelte Dinge
habe er von sich hören lassen. Es habe sich nirgends nichts Ge-
wichtiges von großen und bedenklichen Begebenheiten ereignet.
Aus allem sei zu schließen, daß seine angeblichen Zeichen er-
dichtet und erzwungenes Gezeug seien.

Johann Jakob erwidert: »Dann ist es eben so. Ich kann weiter
nichts sagen«, und er wird in den Bürgerturm zurückgeführt.

Am 29. Februar wird er wieder vernommen:

– Ob er in sich gegangen und die Wahrheit sagen wolle?

– Es ist mir um mein Seelenheil zu tun. Ich würde in alle Weg
bekennen, wenn nicht alles so vorgegangen wäre, wie ich bereits
gesagt habe. Alles ist kein Traum, sondern die lautere Wahrheit.
Die Erscheinung ist bei hellem Tag geschehen.

Nun wird nochmals das Geschehen auseinandergenommen,
wird nach Widersprüchlichkeiten gesucht und wird Johann
Jakob vorgehalten, wie er es überhaupt wagen konnte, den
Leuten vorzuspiegeln, von Gott zum Predigen berufen zu
sein. Er antwortet: »Ich bin ein für allemal vom Geist berufen worden.« Daraufhin werden wieder Einzelfragen gestellt:

– Woran er denn wahrgenommen, daß er stumm sei?

– Ich habe den Mund öffnen, aber nicht reden können. Die Zunge konnte ich nicht bewegen. Es war, als wäre sie gelähmt, aber ich hatte keinerlei Schmerzen. Ich habe nichts gegessen noch getrunken. Wenn es Verstellung gewesen wäre, hätte ich ja Angst haben müssen, Gott würde mich mit Stummheit strafen und mir die Sprache nehmen. Im Gottesdienst bin ich nicht gewesen, weil ich tags zuvor Durchfall hatte und mich erbrechen mußte. Vielleicht kam das, weil ich Angst hatte wegen der zuvor gehörten Stimme des Geistes Gottes.

– Was er gegessen habe?

– Kraut und Knöpfle.

– Ob er durch die Erscheinung größere Erkenntnisse von Jesus bekommen habe?

– Nein. Aber ich bete eifriger.

– Um was er den Sohn Gottes im Gebet bitte?

– Um die Seligkeit.

– Er solle mit seinen Vorspiegelungen nicht weiter das Gemeinschaftliche Oberamt aufhalten.

– Ich bin seither gewiß nicht auf Irrwegen gewandelt. Meine Sache ist nicht erdichtet.

– Er habe aber nichts vollbracht, woraus man schließen könne, daß er eine Erscheinung gehabt habe.

– Ich habe freilich keine besonderen Taten getan.

– Eben deshalb sei doch offenbar, daß seine Sache lauter Betrügerei sei. Ob er von jemand dazu veranlaßt worden?

– Nein. Das Unternehmen wurde mir vom Geist auferlegt.

– Wenn er nicht im Guten mit der Wahrheit herausrücke, werde ernsthaft gegen ihn vorgegangen.

– Und wenn Ihr mir den Kopf abschlagt, so kann ich nichts anderes sagen, als was ich gesagt habe. Ich muß an meine Seligkeit denken.

– Wenn du hartnäckig bleibst, wirst du ins Ludwigsburger Zucht- und Arbeitshaus abgeführt und dort durch schärfere Mittel zum Geständnis der Wahrheit gebracht.

– Ich muß es geschehen lassen. Geld und Gut habe ich nicht. Ich muß das Leben darauf lassen. Ihr könnt mit mir anfangen, was Ihr wollt, ich kann nicht anders reden.

Aller Zuspruch und alles Drohen waren also vergeblich. Johann Jakob wurde wieder in den Turm abgeführt mit dem Hinweis, er erhalte nun 2 mal 24 Stunden Zeit, um sich zu besinnen, und man erwarte von ihm eine andere Erklärung.

Am 2. März wurde Johann Jakob wieder vorgeführt und ihm »von vornen an« zu Gemüt geführt, was ihn bewegen sollte, die Wahrheit zu sagen. *Und ob man ihm Himmel und Hölle vorgestellet, so hat er doch von seinen vorherigen Meinungen nicht ab- noch auf bessere Wege gebracht werden können und endlich die Worte gebraucht, daß er in Gottes Namen geschehen lassen müsse, was man mit ihm anfange. Es wurde daher der gnädigsten Vorschrift gemäß die Veranstaltung gemacht, ihn morgenden Tags in das Ludwigsburger Zucht- und Arbeitshaus abzuführen.*

Johann Jakobs Weg war nun vorgezeichnet: Er führte ins Zuchthaus. Am 3. März 1772 wurde er abgeführt. Damit war für den Oberamtmann der Fall abgeschlossen. Er konnte die Rechnung aufmachen für jene Zeit und Mühe, die aufgewendet wurde, um Johann Jakob das Predigen auszutreiben und ihn einer gewohnten Ordnung zuzuführen. Es kam die stattliche Summe von rund 20 Gulden zusammen, was damals, wie noch zu erfahren sein wird, eine Kuh kostete. Viel Geld, wenn man keines hatte. Den Betrag hatte zunächst die Amtskasse auszubezahlen mit der Auflage, ihn bei Johann Jakob geltend zu machen, wenn dieser aus dem Zucht- und Arbeitshaus entlassen sein würde.

Die Zusammenstellung »derjenigen Kosten, welche auf den wegen Enthusiasterei gefänglich eingezogenen Johann Jakob« entfallen, beginnt mit dem Hinweis, daß diese auch »auf der Eltern Absterben hin«, also nach dem Tod der Eltern, erhoben werden können.

93

Es erhalten die Stadtknechte für das Einschließen und viermalige Vorführen zum Verhör 28 Kreuzer. Es sind zu bezahlen für Verpflegung und Heizung an 13 Tagen: 4 Gulden 46 Kreuzer, für Schreibgebühren einige Seiten zu 3 Kreuzer, andere zu 4 Kreuzer, insgesamt 3 Gulden 6 Kreuzer.

Der Oberamtmann vermerkt auf der Rechnung: *Nachdem dieser Fanaticus geraume Zeit vorher dem gemeinen Pöbel kund gemacht, daß er unmittelbare Erscheinung gehabt, so hat der Dorfvogt morgens am Tag einen Expressen anhero[11] gesandt, und wurde für nötig erachtet, daß ich mich unverweilt in den Ort verfüget, einesteils der besorglich entstehenden Unordnung zu steuern, andernteils den Betrug gleichbalden zu entdecken, damit der gemeine Pöbel von dem Irr- und Aberglauben abgebracht werde.*

Bei drei Stund weitem Weg (hin und zurück also 6 Stunden) werden angerechnet: 2 Imbiß, da zu Haus nicht mehr gefrühstückt werden konnte: 1 Gulden 20 Kreuzer. Logier- und Trinkgeld 30 Kreuzer.

Postillion: Taggeld 15 Kreuzer, 2 Imbiß 40 Kreuzer, Roßlohn 36 Kreuzer, Stallmiete, Heu und Hafer 52 Kreuzer, Eilzuschlag 24 Kreuzer.

Für den Amtsarzt wird eine ähnliche Rechnung aufgemacht wie für den Oberamtmann, sie sind ja getrennt gefahren; insgesamt 6 Gulden 13 Kreuzer. Nach Ludwigsburg ins Zucht- und Arbeitshaus wurde Johann Jakob zusammen mit einem anderen Bürger transportiert; es wurde dort abgerechnet, weshalb für die Amtskasse keine Kosten entstanden.

[11] einen Eilboten hierher

Es wurde nicht festgelegt, wie lange Johann Jakob in Ludwigsburg zu verbleiben hatte; es war dies abhängig von einem Geständnis. In dieser Richtung waren vom Anstaltspfarrer Matthäus Friedrich Beckh – dem rechten Mann dafür – allerlei Bemühungen anzustellen.

Hinter Johann Jakob hatte sich die Zuchthaustür geschlossen. Er befand sich nun in einer Schattenwelt im Kontrast zum bisherigen freien Bewegen in Dorf und Flur, zur Arbeit in der Werkstatt des Vaters, zu nachbarlichen Gesprächen vor dem Haus, zur einigermaßen freien Verfügung über die Zeit – einer Schattenwelt, in der sich Menschen mit schwerer, oft dunkler, gewalttätiger Vergangenheit regten. Die Arrestzelle im Bürgerturm zu Balingen war nur eine Übergangsstation gewesen. Johann Jakob war nun auf Gedeih und Verderb fremden Menschen ausgeliefert, hatte nicht viel selbst zu bestimmen. Und doch gab es auch hier Seelsorger und Pfleger, deren Aufgabe es war, wie damals Amtmann Schäffer von Sulz schrieb, »zu bessern, verborgene gute Funken wieder anzublasen, die Insassen wieder zu brauchbaren Gliedern der Menschenfamilie umzubilden«. Anstaltspfarrer Beckh entsprach dem von Schäffer in seiner Denkschrift geforderten Vorbild eines Aufsehers, der »in der Menschenkenntnis bewandert und erfahren, bieder und edeldenkend« sein sollte. Natürlich gab es in einem Zuchthaus auch andere Aufseher, denn der Umgang mit den Eingelieferten war eine robuste Angelegenheit, und mancher war zu »Willkomm und Abschied« verurteilt, also zu Stockschlägen bei Einlieferung und Entlassung, was bei Johann Jakob nicht der Fall war. Aber zu hören und zu sehen bekam er, was da ablief. Und dann waren in Ludwigsburg Zuchthaus, Waisenhaus, Irrenanstalt und

Tuchfabrik zwar nicht in einem Haus, aber in einem Komplex zusammengefaßt. Justinus Kerner, der um 1800 Lehrling in der herzoglichen Tuchfabrik war, schrieb, daß er oft vor Singen, Lachen, Fluchen und Toben der Insassen des Irrenhauses nicht schlafen konnte, daß er ganze Nächte hindurch den Gesang einer wahnsinnigen Frau hörte und immer auch das Rasseln von Ketten, an die Tobsüchtige und Schwerverbrecher angeschlossen waren.

Und wie sah es aus und ging es zu, wenn man drin war? In Ludwigsburg wohl ähnlich wie in Oberdischingen beim Malefizschenken, von wo ein Bericht vorliegt: Sträflingskleidung, in der Zelle Strohsack, Kopfpolster und Decke. Zu essen gab es täglich ein Pfund Brot »in die Hand« und ein halbes Pfund in die Suppe, an den Mahlzeiten Mehl und Schmalz reichlich, »Zugemüs« täglich und auf die Nacht »Mus«, also Musbrei. Die Insassen wurden jeden Tag eine Stunde an die frische Luft geführt und hatten im Hof Ausgang. Die Schwerverbrecher lagen Tag und Nacht an Ketten. An Hieben fehlte es nicht, sei es, weil Gefangene zu Stockschlägen verurteilt waren, sei es der Ordnung wegen. Gefangene hatten sich zu fügen, schnell und ohne Widerspruch zu fügen.

Im Zucht- und Arbeitshaus wurde gearbeitet. Was Johann Jakob zu tun bekam, ist nicht überliefert. Aber da war die Tuchfabrik. Viele Insassen mußten Garn spinnen. Hermann Kurz berichtet, daß die Zuchthäusler Wolle kartätschen mußten, also Baumwolltuch striegeln und bürsten, es aufrauhen, weich und flauschig machen.

Wenn Johann Jakob von solcher und anderer Arbeit zum Anstaltspfarrer geholt wurde, war ihm dies sicher willkommen. Ging dieser, wohl in schwarzer Kleidung, die ihn als Geistlichen kenntlich machte, über den Hof oder warf sonst einen Blick auf die Arbeit der Zuchthäusler, so hoben sie, wie bei Hermann Kurz ebenfalls nachzulesen ist, den Kopf, verstummten, und er – ja, er bot ihnen einen zuvorkommenden Gruß.

96

Anstaltspfarrer Beckh hatte bei Johann Jakob die Aufgabe, »vorzüglich auf ein Geständnis seiner Betrügereien hinzuarbeiten«. Sobald er ein solches ablege, könne er unbedenklich in die Heimat entlassen werden. Pfarrer Beckh wurden die Akten zugänglich gemacht, damit er seine »in dergleichen Fällen schon mehrmals erprobte Geschicklichkeit und theologische Weisheit« zur Geltung bringen könne, der Pfleger Wider aber hatte für die leibliche Verpflegung und Versorgung Johann Jakobs die gebührende Sorge zu tragen, um ihn in eine »bessere Verfassung« zu bringen. Nach zwei Monaten war von beiden wie auch vom Arzt ein erster Bericht zu erstatten, damit den Umständen entsprechend weitere Maßnahmen eingeleitet werden konnten.

Pfarrer Beckh führte nun mit Johann Jakob eine Reihe von Gesprächen, deren Inhalt er in einem »Aufsatz derer zwischen M. Matthäus Friedrich Beckhen, Pfarrer des Zucht- und Arbeitshauses, und zwischen Johann Jakob von O. zu verschiedener Zeit geführten Gesprächen« wiedergibt. Der Aufsatz ist in Form eines Protokolls, also mit Fragen und Antworten, abgefaßt. Was damals zwischen dem klugen und gütigen Pfarrer Beckh und dem Schmiedjungen hin und her ging, ist aufschlußreich. Die beiden saßen sich, so ist anzunehmen, in einem Besprechungsraum gegenüber: Tisch, zwei Stühle, viel mehr wird nicht gewesen sein; gekalkte Wände.

Pfarrer Beckh erkundigt sich nach dem Ergehen des Johann Jakob und läßt sich dessen Geschichte erzählen; versucht, ihm nahezukommen und sein Vertrauen zu gewinnen. Zum wievielten Mal aber muß der seine Erlebnisse beschreiben! Er berichtet mit genau denselben Worten, wie sie in früheren Protokollen verzeichnet sind. Dann sagt Pfarrer Beckh:

– *Und weil du von Jugend auf hast Pfarrer werden wollen und immer mit diesen Gedanken umgegangen bist, hat es dir gleichsam die Erscheinung geträumt.*
– *Aber nein! Ich habe vorher lange nicht mehr daran gedacht.*

Sicher, im Schlaf kann man wohl träumen, was man am Tag gedacht, aber die Erscheinung und Stimme sind mir am hellen Tag geschehen und ohne daß ich an so etwas gedacht habe.

– Aber es kann doch sein, daß einem etwas, das man sich eingeprägt hat, bei Gelegenheit wieder einfällt und gleichsam unter anderen Ideen wie ein Raritäten-Bläslein hervorkommt und aufsteigt.

– Bei mir ist es nicht so gewesen.

– Warum aber hast du vom Vikar den Kirchenrock und das Käpple und den Überschlag entlehnen wollen? Das ist doch von deiner Lust zum Pfarrerwerden hergekommen?

– Ich wollte es entlehnen, weil ich dachte, das müsse beim Predigen sein. Aber der Geist hat es nicht befohlen, und deshalb habe ich nachgehends ohne Habit gepredigt.

– Deine Erscheinung kann aber auch eine Vorspiegelung deiner Phantasie gewesen sein. Du glaubst ja nicht, was eine durch große Hitze oder durch Würmer erhitzte Einbildungskraft für wunderbare Wirkungen hervorbringt. Im Tollhaus war einmal ein Mann, der glaubte, er habe einen Frosch im Leib, und ein anderer glaubte, er sei ein Spargel.

Pfarrer Beckh erzählt nun ausführlich die Geschichte von den beiden, ja, er weiß noch weitere Beispiele anzuführen, wo jemand so feste Einbildungen hatte, daß er mit Verstorbenen redete, Schlangen im Zimmer sah, glaubte, er habe den Teufel im Leibe und ähnliches. Johann Jakob muß über das Beispiel vom Frosch und Spargel lachen, sagt, auch der Dekan in Balingen habe ihm solche Sachen erzählt, und in Tailfingen, eine halbe Stunde von seinem Heimatort entfernt, sei ein Bube gewesen, der habe zwei weiße Tauben auf seinen Armen gesehen und geglaubt, er müsse bis Sonntag sterben, sei aber wieder bei gutem Verstand und gesund.

Doch Johann Jakob besteht darauf:

– Bei mir war es keine Phantasie.

Darauf Pfarrer Beckh:

– *Aber von den Leuten, von denen ich erzählt habe, waren zwei auch bei gutem Verstand; einer davon in allen Dingen ein besonders gescheiter Mann. Niemand, der solche Phantasien hat, glaubt, daß er sie hat.*

– *Bei mir waren es keine Phantasien!*

– *Was dann?*

– *Ein guter Geist.*

– *Aber der Teufel kann sich auch als Affe Gottes für Gott ausgeben. Zum Sohn Gottes sagte er ja auch: Dies alles will ich dir geben, wenn du niederfällst und mich anbetest. Er kann sich auch in einen Engel des Lichts und einen Prediger der Gerechtigkeit verstellen. Der Glanz macht es nicht aus, den haben die guten Engel, und die bösen können ihn auch annehmen. In alten Zeiten ist einmal einem Mann der Teufel in glänzender Gestalt erschienen und hat sich für Christus ausgegeben. Da hat der Mann gesagt: Wenn du mir deine Wunden nicht zeigst, so glaube ich es nicht. – Hat dein Geist Wundmale gehabt?*

– *Er hat gesagt: Ich bin der Herr und hat keine Wundmale gehabt, denn ich sage die Wahrheit.*

– *Aber vielleicht hast du vorher, es war ja Mittagszeit, in die Sonne gesehen und ist dir nachher vom Sonnenwirbel ein konfuses Bild vor Augen gekommen.*

– *Nein, nein! Ich habe es ja auch in der Nacht gesehen!*

– *Der Geist hat doch gesagt: »Ein Wörtlein wird sie fällen«, aber das ist nicht geschehen. Das Gegenteil ist geschehen. Also hat dich der Geist belogen, und deshalb kann es kein guter Geist gewesen sein.*

– *Es ist wahr, es ist nicht eingetroffen. Deshalb habe ich ja auch gezweifelt. Aber ich habe die Schuld bei mir gesucht, weil ich nicht fest genug glaubte. Als man mich nach Balingen führte, habe ich mich gefürchtet und gezweifelt, als ich aber wieder nach O. kam, stumm wurde und davon wieder frei, habe ich wieder Mut bekommen.*

– *Aber du hast doch getan, was du nach dem Willen des Geistes*

tun solltest, also die Bedingungen erfüllt. Dieser aber hat seine Verheißung nicht erfüllt, und das hätte geschehen müssen, wenn er ein wahrhaft guter Geist gewesen wäre. Ein Wörtlein hat sie nicht gefällt, während doch bei Zacharias in der Bibel die Verheißung eintraf: Er hat einen Sohn bekommen.
– Ja, das ist wahr. Wir haben das Wort Gottes, das ist der sicherste Weg. Ich bete täglich, er möchte doch die Sache, was es sei, klärlich an den Tag bringen.

Als Pfarrer Beckh sieht, daß Johann Jakob unsicher wird, bittet er ihn, der Sache nochmals nachzudenken: *Wir haben Mose und die Propheten, die Evangelisten und Apostel, wir haben das Wort Gottes und brauchen nichts weiteres. Alle anderen Wege sind mißlich, betrügerisch und gefährlich.* Alsdann kommt er auf das Charisma[1] beim Predigen zu sprechen. Er sagt zu Johann Jakob, er habe doch angekündigt, er werde an dem Sonntag predigen, an dem das Evangelium laute: Es werden Zeichen geschehen an Sonne, Mond und Sternen.

– Ja, jedermann hat das gewußt. Ich habe es auch dem Oberamtmann gesagt.
– Und was hast du dann gepredigt?
– Daß sich die Leute bekehren sollen, wie mir der Geist gesagt hat. Deshalb habe ich geglaubt: Es ist ein guter Geist.
– Der Teufel kann aber auch gut predigen und Wort Gottes vorbringen, wie er es bei der Versuchung Christi gezeigt hat. Wenn er Lügen predigt, so mischt er immer auch Wahrheit darunter.
– Ja, das ist wahr. Der Teufel ist ein Lügner, doch kann er meine Berufung nicht eingegeben haben, denn ich bete fleißig und habe immer gebetet.
– Aber wenn du nichts weiter und Besonderes zu predigen hattest, was sollte es da Gott nötig gehabt haben, einen besonderen Bußprediger mit einem Zeichen an der Stirn auszusenden?

---

[1] die Gnadengabe

– *Das weiß ich nicht. Aber es hat sich ja ein gewisser roher Mann durch mein Predigen geändert.*

– *Aber bei dem kommt es noch drauf an, wie weit er bekehrt wurde. Dergleichen Platzregen von Droh-Predigten schlagen gemeiniglich nur an und dringen nicht ein.*

– *Das muß sich freilich zeigen.*

– *Du hast auch gepredigt, Gott werde noch 7 Jahre mit einer Strafe zuwarten. Neulich war bei mir ein Mann, der wollte aus der Bibel beweisen, daß Venedig als das heutige Tyrus in 5 Jahren untergehen werde. Ich habe ihm gesagt, in 5 Jahren möchte ich dich wieder sprechen und hören, was du dann sagst. So geht es auch mit dir. Wenn deine Weissagung nicht eintrifft, was denkst du dann?*

– *Ja, es könnte sein, daß sie nicht eintrifft. Aber Gott könnte es auch reuen, wenn die Leute sich bekehren wie bei Jona*[2].

Als Pfarrer Beckh auf das Zeichen an der Stirn zu sprechen kommt, meint Johann Jakob, er habe ja dem Geist gesagt, die Leute würden ihm nicht glauben, worauf der ihm ein Zeichen versprochen habe, aber nicht gesagt, wann und wo es erscheinen werde. Der Oberamtmann hätte ihn gefangensetzen sollen bis über den Sonntag, von dem er gesagt, daß er das Zeichen haben und predigen müsse, dann hätte man sehen können, ob Betrug im Spiel sei oder nicht, und hätte auf den Grund der Sache kommen können.

– *Ja, noch des Nachts, als ich schon die Knieriemen aufschnallte und des Oberamtmanns und Schultheißen wegen der Büttel kam und mich fragte, ob ich noch keine Zeichen habe, so habe ich sie wieder zugeschnallt in der Meinung, man hole mich, und es wäre mir recht gewesen.*

– *Wann und wie hast du es bekommen?*

Johann Jakob erzählt wieder genau das, was er schon zu Protokoll gegeben hat.

[2] Jona 3

101

– Aber es sieht halt aus wie eingebrannt?
– Das hat auch meine Mutter gesagt. Zu Balingen haben sie
dann Arznei, Bleiweiß und Salbe gebraucht, es ist aber nicht
vergangen. Ich selbst habe es nicht gesehen, als bis ich aus der Ge-
fangenschaft von Balingen nach Haus unterwegs bei einem
Bäcker in den Spiegel gesehen habe.

Pfarrer Beckh meint, es sei überhaupt ein wunderliches und
seltsames Zeichen bei ihm. Dem Kain habe Gott ein Zeichen
an die Stirn gemacht, damit ihn niemand totschlage. Und Gi-
deon und Mose, die Propheten Elia, Elisa und die Apostel haben auch durch Zeichen einen Auftrag erhalten, aber sie mußten etwas Bestimmtes sagen. Der Prophet Amos, der Kuhhirt
war, hatte gar kein Zeichen erhalten, und Gott hatte ihn doch
auserwählt. Und überhaupt habe sein Zeichen vom Ort und
der Form her nichts Engelhaftes oder Göttliches an sich. Es
stehe nicht in der Mitte der Stirn, die sieben Striche seien
nicht gerade, der Abstand zwischen den erhabenen weißbrau-
nen Strichen und den niedrigeren roten sei ungleich, die Ein-
tiefung in Form einer Rundung hänge schief am Kopf. Zu-
dem sei dieses Zeichen kein Zeichen, das jemand einen Glauben machen könnte. Engelwerke und göttliche Werke haben
eine Symmetrie und Proportion, seien schön, sein Zeichen
aber habe solche Zierde nicht, man könne es leicht nachma-
chen. »Ein rechtes Zeichen muß sein wie der Regenbogen,
ganz und gar unstrittig.« Wenn er nicht selbst ein Schmiedjunge wäre, der mit Feuer und Eisen umgehen kann,
wäre alles nicht so verdächtig. So aber habe ihm der
erschienene Geist just ein Zeichen gegeben, daß man, statt
ihm zu glauben, gerade nicht glauben solle. Mithin sei
es ein unverständiger oder falscher Geist, der es nicht red-
lich mit ihm meine, sondern unter dem Zeichen seinen
eigenen Boten verspotte, auslache und ans Messer liefern
wolle.
Johann Jakob räumt das ein. Wenn er kein Schmiedjunge

wäre, sondern ein Bauer, wäre alles nicht so verdächtig. Er müsse es selbst sagen.

– *Wie kannst du dann auf dieses schlechte Zeichen so viel bauen?*

– *Sobald ich es bekommen, bin ich ganz freudig geworden, und nichts mehr konnte mich vom Predigen abhalten, auch nicht, wenn der Henker mit dem Beil hinter mir gestanden wäre.*

– *Aber du hast doch das Zeichen selbst gemacht.*

– *Nein! Nicht ich! Auch keines Menschen Hand, sondern der Geist. Ich war in der Nacht nicht in der Werkstatt, hätte auch aus meiner Kammer oben nicht unbemerkt durch die Stube meiner Eltern, von dort durch ihre Schlafkammer und dann das Stieglein hinab in die Werkstatt gelangen können. Und ein Schmiedzeichen, das wie ein Kreis aussieht, haben wir nicht. Unser Zeichen ist ein lateinisches »J« von unserem Namen her.*

– *Das mag alles sein, aber gib doch Gott die Ehre und lüge nicht.*

– *Ich will ja ehrlich sein und weiß wohl, daß Lügen eine Sünde ist, die Gott einmal straft. Ich kann aber nichts anderes sagen. Meine Erscheinung ist wahr, es war keine falsche Kraft, die hinter allem steckt.*

– *Du bist doch bisher immer ehrlich gewesen und willst nicht zuschanden werden!*

Darauf antwortet Johann Jakob, und Pfarrer Beckh vermerkt ausdrücklich, daß er es heiter, freundlich, gelassen und bescheiden tut:

– *Was bekümmert mich die Ehre oder Schande auf der Welt. Die ist ein Kurzes. Meint Er denn, ich denke nicht auf die Ewigkeit? Das ewige Leben ist mehr als dieses. Ich freue mich recht auf das ewige Leben.*

Pfarrer Beckh bringt das Gespräch nochmals auf das zwölfstündige Verstummen und meint dazu, damals sei ihm wohl die Geschichte des Zacharias eingefallen, und weil ihm zugleich die Zahl Zwölf eingefallen sei – Zacharias war ein Priester, der am Morgen und am Abend das Räuchern im Heilig-

103

tum zu besorgen hatte –, so habe er geglaubt, er könne zwölf Stunden nicht reden und habe sich vielleicht nur so gestellt, als ob er es nicht könne. Johann Jakob weist aber darauf hin, daß er sich ja, wie Paul Demuth bezeugen könne, habe erbrechen müssen, und zwar Blut erbrechen, und daraufhin sei er stumm geworden. Verstellt habe er sich nicht, und – so weist er wieder hin – Gott hätte ihn ja mit Stummheit dafür strafen können.

– Aber das alles ist doch ungereimt und einfältig! So schlecht redet kein Prophet, kein Engel, geschweige denn Christus der Herr.
– Der Geist hat so geredet.
– Du bleibst also bei dem bisher Gesagten? Ich muß dir dann mitteilen, daß es dir vielleicht schlimm ergeht, wenn du nicht die Wahrheit sagst.
– Ich kann nichts anderes sagen. Tut man mir was – in Gottes Namen, ich muß es geschehen lassen. Ich bin darum niemand, weder Ihnen noch dem Herrn Kammerrat noch dem Zuchtmeister feind. Die Obrigkeit ist von Gott gesetzt, aber ich kann nichts anderes sagen.
– Was wirst du denn machen, wenn du wieder heimkommst? Willst du wieder predigen?
– Ich will schaffen und tun, was mein Vater tut. Predigen will ich nicht mehr, wie ich es auch dem Dekan in Balingen versprochen habe.

Abschließend stellt Pfarrer Beckh fest, daß Johann Jakob sich im Zucht- und Arbeitshaus still verhält, weiter keine Erscheinung hatte, fleißig betet und liest, besonders in der Krankenstube, wohin er wegen der schlechten Luft etlichemal gebracht werden mußte. Er arbeitet, ist geduldig, geht, wenn er kann, in die Kirche, ist aufmerksam, hat überhaupt eine Ehrfurcht vor dem Predigtamt, rühmt seine hintereinander gehabten Pfarrer als rechtschaffene Männer, seine Eltern bedauert er, besonders seine alte Mutter, die ihn in den Geschäften so nötig bräuchte. Er sagt, er könne ihrethalben nicht recht schlafen. Wird auch magerer. Sonst aber ist sein Zeichen fast noch so, wie er es hierhergebracht hat. Übrigens ist er bescheiden, heiter, im Antworten grad heraus, ohne sich vorher viel zu besinnen, in der Bibel ziemlich bewandert.

Der Bericht geht an die herzogliche Regierung, die ihm entnimmt, daß Pfarrer Beckh »an diesem Menschen sein Amt durch gütlichen Zuspruch und dienliche Vorstellungen hinlänglich zu tun nicht ermangelt habe«, und deshalb wolle man es damit bewenden lassen. Aber der Kammerrat Wider hat Johann Jakob noch nicht verhört und damit seinen Auftrag nicht ausgeführt. Er wird angewiesen, eine »umständliche und ernste Befragung« vorzunehmen und Zwangsmittel anzudrohen, diese aber noch nicht anzuwenden, und dann zu berichten. Und weil Johann Jakob öfters krank ist, hat endlich auch der Arzt sein Urteil abzugeben. Letzteres geschieht am 24. September 1772 durch Hofmedicus Mörike, Großvater des Dichters Eduard Mörike. Er schreibt, daß Johann Jakob wegen seiner Kränklichkeit in ein Einzelzimmer gelegt wurde und er sich alle Mühe gegeben habe, eine Ursache für dessen Phantasien zu finden. *Obwohl ich gleich anfangs auf vielerlei Fragen hin nicht entdecken konnte, daß sein Körper krank sei, so probierte ich doch mancherlei Mittel, die in dergleichen Fällen gebraucht werden. Ich fand aber außer einigen abgegangenen Würmern nichts Widernatürliches in seinem Körper, und was seinen Gemütszustand betrifft, so führte er sich beständig still und vernünftig auf; von seinen alten Träumereien war nichts zu bemerken.*

Kammerrat Wider berichtet, daß er Johann Jakob alle möglichen ernsthaften Vorhaltungen gemacht und ihn endlich auch mit »äußerster Schärfe« bedroht habe. Zu dieser Bedrohung gehörte, daß Johann Jakob zusehen mußte, wie Zuchthausinsassen mit »Willkomm und Abschied« bedacht, also in Stock gelegt und geschlagen wurden. »Es blieb aber derselbe ganz verstockt und gab keine Antwort als: Was er gesagt habe, sei und bleibe wahr, wenn er auch zu Tod geschlagen werde.«

Auf diese Berichte hin erhalten Kammerrat Wider und Pfarrer Beckh den Auftrag, Johann Jakob nicht nur nochmals zu Protokoll zu vernehmen, sondern ihn »zur Erlernung der Wahrheit« in den Block einspannen zu lassen und sofort zu berichten. Dies geschieht. Geschlagen wird Johann Jakob allerdings nicht.

Kammerrat Wider meldet daraufhin seiner Herzoglichen Durchlaucht, daß er Johann Jakob *anheute vorgenommen und denselben zum Geständnis der Wahrheit abermalen ernstlich erinnert habe, welches auch Pfarrer Beckh getan. Nachdem keine andere Antwort als wie bisher – daß eben wahr sei, was er angegeben habe – herausgebracht werden konnte, so ließ ich solchen wirklich einspannen, worauf derselbe nichts anderes antwortete als – er könne nichts anderes sagen, und wenn er zu Tod geschlagen werde. Nach solchem fruchtlosen Verlauf ließ ich solchen in die Zelle zurückführen.* Geschehen am 9. Februar 1773.

Während Johann Jakob im Zuchthaus sitzt, erfährt Philipp Matthäus Hahn, nun Pfarrer in Kornwestheim, also in einem Dorf neben der Residenz Ludwigsburg, vom Schicksal seines Schülers und Konfirmanden. Hahn unterhält ja noch mancherlei Verbindungen nach O., so zum Schulmeister und Mesner Schaudt, seinem großen Mechaniker, ferner zu seiner Schwester, die am Ort verheiratet ist, und zu »Gleichgesinnten«, denen er bei Besuchen eine Bibelstunde hält. Auch Geldgeschäfte sind abzuwickeln. Hahn notiert am 27. Oktober 1772 ins Tagebuch: »Nach Stuttgart gereist zu Herrn Geheimen Rat Weickersreuter wegen einer Uhr im Geheimen Ratskollegio. Aß bei Herrn Geheimem Rat. Gab allerhand zu reden, auch von dem Buben von O.«

Der Geheime Rat ist Mitglied der Herzoglichen Regierung. Er weiß, was seit einem guten halben Jahr in Sachen Johann Jakob verhandelt wird, und für beide ist von Interesse, über den Schmiedjungen Näheres zu erfahren.

Bericht des Kammerrates Wider, Leiter des Zuchthauses Ludwigsburg,
über das Befinden und den Gesundheitszustand des Johann Jakob

Am 3. Februar 1773 taucht im Kornwestheimer Pfarrhaus Johannes Jakob, Vater des Johann Jakob auf. Es wird ihm, dem wort- und weltunkundigen Schmied, schwergefallen sein, sich für mehrere Tage von zu Hause weg in eine fremde Gegend auf den Weg zu machen, seinen Buben im Zuchthaus zu besuchen und dann zu Pfarrer Hahn zu gehen. Sein Begehren: Kann Herr Pfarrer etwas tun, daß mein Johannes aus dem Zuchthaus entlassen wird? Er ist mein einziger Sohn, und ich brauche ihn in der Werkstatt. Ist kein böser Bub, der Herr Pfarrer kennt ihn. Er ist nun beinahe ein Jahr eingesperrt und hat doch nur predigen wollen.

Hahn setzt sich an den Schreibtisch. In seinem Tagebuch steht: »Mittags dem Hannesle von O. ein Memorial aufgesetzt wegen seinem Buben in Ludwigsburg. Ganzen Nachmittag zugebracht.«

Der »Hannesle« sitzt dabei und sieht sich um und antwortet ab und zu auf eine Frage. Der Pfarrer liest vor, was er geschrieben hat. Ist es recht so? Ja, es ist recht. Der Schmied versteht von den gedrechselten Sätzen nicht viel, er hat Achtung vor dem Geschriebenen. Wenn der Herr Pfarrer, der die Herren von seinen Uhren her kennt, etwas schreibt, wird es schon recht sein.

Nun ist bemerkenswert, daß sich Vater Johannes an den ehemaligen Pfarrer Hahn wendet, der seit zwei Jahren ein bis zwei Tagreisen weit von O. entfernt amtiert. Warum ging er nicht zum Ortspfarrer oder Schulmeister? Ein Grund ist naheliegend: Hahn ist berühmt, lebt in der Nähe der Residenz, kennt Herzog Karl Eugen von Angesicht. Er wird mehr bewirken können als die anderen. Aber es schwingt noch etwas mit, was den Schmied zu Pfarrer Hahn führt: Der kennt den Jungen von innen und außen, hat ihn konfirmiert, ihm die Bibel eröffnet, ihm durch sein Vorbild eine Vorstellung vom Pfarrberuf vermittelt und ihn, alles in allem, zum eifrigen Christen gemacht, ist also am Schicksal seines Buben nicht ganz unschuldig. Ja, es darf angenommen werden, daß Johann Jakob eine Frucht, eine hoch aufgeschossene Frucht des Hahn'schen Wirkens in O. ist, ein Beweis für die Durchschlagskraft seines seelsorgerlichen Bemühens.

Gewiß, hoch aufgeschossen ist diese Frucht. Zu hoch? Nun, es ist da noch etwas anderes, Geheimnisvolles, Unberechenbares ins Spiel gekommen: die Erscheinungen. Sie sind wie Funken, die ein Feuer entzündet haben, das durch Schläge nicht ausgelöscht, wie Himmelslichter, von denen Strahlen ausgehen, die durch Verfolgung und Gefängnis nicht abgeblendet werden können.

Pfarrer Philipp Matthäus Hahn setzt eine Bittschrift auf, und Johannes Jakob, der Vater und Schmied, setzt seine Unterschrift darunter, und auch Mutter Agatha unterschreibt. War sie mit nach Ludwigsburg marschiert, um ihren Sohn zu sehen, und nachher mit ins Kornwestheimer Pfarrhaus gegangen? Philipp Matthäus Hahn erwähnt sie nicht. Oder hat Johannes Jakob die Bittschrift nach Hause mitgenommen, haben dort beide unterschrieben und sie auf dem Dienstweg eingereicht? Beim Dorfvogt? Was auf die Bahn gebracht wird, lautet:

Durchlauchtigster Herzog,
Gnädigster Herzog und Herr!

Euer Herzogliche Durchlaucht haben gnädigst für gut angesehen, meinen Johann Jakob wegen dem seinem Vorgeben nach von einem Engel ihm auf die Stirn geprägten Zeichen und deshalb gemachter Unruhe in das Herzogliche Zucht- und Arbeitshaus in Verwahrung nehmen zu lassen, um durch allerhand mit ihm anzustellende Versuche auf den Grund der Sache zu kommen und das Geständnis eines vorgegangenen Betrugs herauszubringen.

Nun habe ich als Vater nebst meinem Eheweib niemalen mein Einverständnis zu seiner von der Konfirmation an bezeugten Lust, ein Pfarrer zu werden, gegeben, weil wir die Unmöglichkeit der Sache bei unserer äußersten Armut wohl eingesehen: vielmehr habe ich ihn nach dem Anraten meines damaligen

Pfarrers M. Hahn zu dem Schmiedhandwerk angehalten. Er hat aber immer bei Nachtzeit, und da er hernach Roßhirt worden, alle Zeit, die er neben dem Hüten hat erlangen können, dazu angewandt, in einer Handbibel zu lesen. Er hat mich und mein ganzes Haus öfters zu einem ernstlichen Christentum aufgemuntert und nach dem Zeugnis des ganzen Flecken einen unklagbaren Wandel geführt und niemalen mit andern ledigen Buben Gemeinschaft gemacht oder in ihre Eitelkeit eingewilliget, bis im Spätling des 1771. Jahres der wunderliche Vorgang mit seiner angeblichen Erscheinung, Zeichen und Predigen auf dem Kirchhof geschehen. Bei diesem Zeichen aber hätte man leichtlich auf den Grund kommen können, wenn von Seiten der Obrigkeit in Balingen, welcher es von meinem Sohn zuvor angezeigt worden, wann und welche Nacht er das Zeichen bekommen werde, die nötige Vorsicht gebraucht worden wäre. Ich und mein Weib haben keine Spur entdecken können, wie er oder ein anderer dieses Zeichen möchte gemacht haben.

Da es aber nun vergangen und unsichtlich worden ist, er auch durch alles Zureden, selbst wenn er die höchsten Plagen und den Tod darüber leiden müßte, von seinen Aussagen nicht abgeht, so bitte ich untertänigst, ihm diese Einbildung zu lassen, von welcher er nicht abzubringen ist, und ihn wegen seiner übrigen guten Eigenschaften eines unklagbaren und christlichen Wandels – und weil er uns zu unserem Fortkommen in unserer Hantierung und Nahrung bei herannahendem Alter und großer Armut unentbehrlich ist – gnädigst abfolgen zu lassen. Er ist unser einziger Sohn, und wir haben nicht eines Fußes breit Vermögen, und haben nichts als unser geringes Handwerk. Ich verlier' die Kundschaft, da ich derselben ohne meinen Sohn nicht stark genug nachkommen kann, indem ich wegen Mangel an Barschaft und zu größerem Nutzen meines Berufs Alteisen an auswärtigen Orten einkaufe und also zu solcher Zeit nicht zu Hause sein kann.

Mein Weib kränkt sich beinahe zu Tod um ihn, wiewohl er, mein Sohn, es nicht zu schätzen scheint. Er läßt sich nicht anders überzeugen, und wenn er die Tage seines Lebens im Arrest bleiben müßte, weil er solches Leiden als eine Probe seines Glaubens und als ein Leiden um Gottes Willen ansiehet.

Ich habe auch gehört, daß man Beispiele in der Geschichte habe, daß mancher über seinen Phantasien die größten Qualen und lieber den Tod erlitten, als daß sie andere Überzeugung hätten angenommen oder annehmen können, und öfters eine Krankheit oder Schwachheit des Gemüts daran schuld gewesen. Er, mein Sohn, will nicht weiter predigen oder sonstige Unruhen anfangen, indem er beruhigt ist, daß er das getan hat, was ihm seiner Meinung nach zu tun und zu leiden ist antragen worden. Und sollte er auch Fehler bei der ganzen Sache gemacht haben, so ist er ja hinlänglich gezüchtigt und gewitzigt worden. Wenn er wider Vermuten die geringste Bewegung wider die Ruhe oder zum Schaden der Kirche sollte anfangen, so ist er ja jederzeit in Euer Herzoglichen Durchlaucht höchsten Händen. Es könnte ja allenfalls ihm bei Strafe auferlegt werden, nichts von diesem Zeichen weiter zu sprechen, und Anstalten gemacht werden, daß er beim ersten Versuch der Unruhe wieder könnte zur verdienten Bestrafung eingeliefert werden.

Euer Herzogliche Durchlaucht erbarmen sich doch meiner und meines Weibs, weil wir sonst bei beiderseitig herannahendem Alter ohne den Beistand meines Sohnes in unserer kümmerlichen Nahrung also zurückkommen dürften, daß wir dem gemeinen Wesen[3] als Bettler zur Last fallen würden. Gott der Höchste wird solche gnädigste Erhörung eines armen, geringen Untertanen, der weiter nirgends her keine Hilfe hat, in höchsten Gnaden ansehen und mit Herzoglich höchstem Wohl vergelten.

Unter unserer fußfälligsten Empfehlung mit größter Devotion ersterbend
Euer Herzoglicher Durchlaucht untertänigster Knecht und untertänigste Magd Johannes Walz, M. Agatha Walz

[3] dem Staat

Letztes Blatt der von Philipp Matthäus Hahn formulierten
Eingabe der Eltern von Johann Jakob vom 3. Februar 1773
an den Herzog von Württemberg. Am Ende des Textes die
Unterschriften von Vater und Mutter

Die Entlaſſung

Wie in einem Sammelbecken sind bis zum Februar 1773 die Berichte aus dem Zucht- und Arbeitshaus und das Memorial der Eltern bei der Herzoglichen Regierung eingelaufen. Es ist nun eine Entscheidung zu treffen. Ehe der Fall Johann Jakob aber dem Geheimen Rat und damit dem Herzog vorgelegt wird, informiert Regierungsrat Rieger das Konsistorium. Wohl eingedenk der Verärgerung, die bei dieser obersten Kirchenbehörde entstanden war, als sie im vergangenen Jahr nicht genügend in die Entscheidung einbezogen wurde, »habe man vorher mit dem Herzoglichen Konsistorium in Freundschaft kommunizieren und sich die beliebigen Gedanken darüber ausbitten wollen«.

Dem Konsistorium wird dargelegt, daß Johann Jakob zwar zu keinem aufrichtigen Geständnis gebracht werden konnte, er aber von den Vorstehern des Zucht- und Arbeitshauses ein gutes Zeugnis erhalten und auch erklärt habe, in Zukunft sich des Predigens zu enthalten. Dazu komme das gewichtige Schreiben der Eltern, nämlich daß ihnen durch die Entbehrung des einzigen Sohnes »an ihrer Nahrung« Schaden entstehe. Die Herzogliche Regierung habe deshalb bei ihren heute angestellten Überlegungen in Erwägung gezogen, den jungen Johann Jakob, weil man ihn nicht auf beständig im Zuchthaus behalten werde und derselbe seine Bosheit durch den bisherigen Arrest allenfalls genug gebüßt habe, die Sache auch inzwischen alt geworden, unter bestimmten Auflagen zu entlassen.

Am 5. März nimmt das Konsistorium zur beabsichtigten Entlassung Stellung. Es heißt im Schreiben: *Obwohl dieser Mensch zu keinem Geständnis seiner Betrügereien gebracht werden konnte und weil die Leute von O. sattsam haben wahrnehmen* können, daß seine Schwärmereien ohne Grund gewesen und keinen Erfolg gehabt, die ehemalige Anhänglichkeit zu O. sich wohl auch völlig verloren hat, findet man von Seiten des Herzoglichen Konsistoriums keinen Anstand daran, dem diesfalls geäußerten Gedanken der Herzoglichen Regierung mit beizutreten und seine Entlassung aus dem Zuchthaus geschehen zu lassen. Das Konsistorium findet allerdings ebenfalls für nötig, daß allen ferneren, weiteren schwärmerischen Ausbrüchen desselben durch die seinen Eltern ernstlichst anzubefehlende genaue Aufsicht über ihn und durch die an das Gemeinschaftliche Oberamt zu erlassenden Verfügungen möglichst vorgebeugt werde. Was Pfarrer Vellnagel betrifft, so heißt es: Um diesen nicht irre zu machen, dürfte noch beizufügen sein, daß er nur im allgemeinen Anleitung erhielte, wie man sich zu ihm versehe, damit auch er diesen Menschen mit Klugheit zu behandeln und vor sich wiederholenden Ausschweifungen zu seinem Teil bewahren könne.

Der Vorschlag, Johann Jakob aus dem Zucht- und Arbeitshaus zu entlassen, geht nun an den Geheimen Rat, und dieser genehmigt am 20. März »gnädigst das untertänigste Anbringen des Herzoglichen Regierungsrats«. Im Schreiben steht: Da aber dessen Eltern angeführtermaßen um seine Befreiung so angelegentlich gebeten, derselbe auch nicht beständig im Zuchthaus behalten werden kann und seine Bosheit durch den bisherigen Arrest genugsam gebüßt, auch nicht zu vermuten ist, daß ehemalige Vorgänge neue Anstöße unter der Gemeinde erwecken dürften, sei Johann Jakob unter den genannten Auflagen zu entlassen.

Am 26. März wird dies der Leitung des Zucht- und Arbeitshauses mitgeteilt. Am gleichen Tag geht ein Schreiben an das Gemeinschaftliche Oberamt Balingen mit dem Auftrag, Johann Jakob nach erfolgter Einlangung in seiner Heimat vor Euch zu bescheiden, ihm wegen alles bisherigen Vorgangs genaues Stillschweigen aufzulegen und ihn mit geschärfter Zuchthausstrafe zu bedrohen, im Fall er sich neuer Bosheit zu Schul-

den kommen lassen würde. Das Herzogliche Konsistorium wird »in Freundschaft« ebenfalls davon verständigt, unter welchen Bedingungen Johann Jakob entlassen wird.

Es dürfte in einer Morgenstunde gewesen sein, als Johann Jakob das Zuchthaustor hinter sich ließ. Welches Gefühl! Welches Aufatmen! Ein Dorfkind, ein Roßhirte, aufgewachsen in Feld und Flur, hat länger als ein Jahr nur Mauern um sich gehabt, sich nicht in die Weite einer Landschaft hinausdehnen, nicht die Düfte von Wald und Wiese einatmen und nicht den Geruch von Heu und Pferden schnuppern dürfen; ein Jahr seines Lebens hat Johann Jakob in äußerster Enge und Eintönigkeit zubringen müssen. Nun Luft und Vorfrühling! Nun Äcker und Wiesen! Und er marschiert hinüber nach Kornwestheim, kaum eine halbe Stunde entfernt, und klopft dort im Pfarrhaus an, das gleich am Ortsanfang steht.

Philipp Matthäus Hahn weiß von der Entlassung seines früheren Schülers, zwar wohl nicht das genaue Datum, aber daß sie ansteht. Sicher hatte er seit längerer Zeit Verbindung mit Anstaltspfarrer Beckh. Er vermerkt im Tagebuch: *7. März. Höre auch, daß Johann Jakob aus dem Zuchthaus frei werde und also mein Gebet und Memorial, so ich dem Vater gemacht, zum Preis Gottes nicht ohne Wirkung gewesen ist. Der Herr erhört Gebet, er hört das Seufzen der Elenden und Armen.*

Es betritt sein ehemaliger Schüler und Konfirmand, aus dem Zuchthaus kommend, seine Studierstube. Demütiger Gruß und wohl ein zurückhaltender Gegengruß. Musterung. Wie sieht der Junge nun aus? Hat sich in den letzten Jahren ja sehr verändert. Groß geworden und mager. Bleich. Die Kleidung vermutlich zerschlissen. Vielleicht überbringt er Grüße von Pfarrer Beckh, und dann bedankt er sich dafür, daß sich der Herr Pfarrer für seine Entlassung eingesetzt hat. Für einen Gefangenen ist gut zu wissen, daß ihn draußen jemand hilfsbereit im Gedächtnis hat, ihn nicht für verloren hält und damit vor dem Absturz bewahrt.

Nun sitzt Johann Jakob, ehemaliger Konfirmand, eifriger

Schüler, vor Hahn. Wollte Pfarrer werden – wie er. Will eine Erscheinung gehabt haben – wie er. Will den Auftrag erhalten haben, zu predigen – wie er. Wie kann man da helfen? Es ist nicht bekannt, was Hahn von der Erscheinung hält. Etwas Ungewisses, Unerklärbares sitzt in der Person des einstigen Konfirmanden vor ihm. Was nun reden? Vom Zuchthaus? Vom Konfirmandenunterricht? Von den Eltern und was Johann Jakob erwartet? Irgendwann aber muß Hahn eine Wegweisung geben, am besten etwas aus der Bibel, das würde bei Johann Jakob am ehesten eine Wirkung haben. Könnte Hahn da ein Zitat eingefallen sein, in dem von falschen Propheten die Rede ist, die eines Tages auftreten werden? Oder jenes, wo es heißt, daß kein Prophet angenehm ist in seinem Vaterland? – Oft aber kommt das rechte Wort nicht zur rechten Zeit hervor. Vielleicht aber haben die beiden auch über den Kometen geredet; Hahn war ja himmelskundig, und es ist anzunehmen, daß er einiges wissenschaftlich erklären konnte.

Ziemlich sicher hat Hahn geraten, weiter am Wort Gottes zu bleiben, die Bibel zu lesen und sich an die Auflagen der Obrigkeit zu halten, obwohl auch er, Hahn, später Zweifel äußert, ob man der Obrigkeit in geistlichen Dingen folgen muß. »Meine Sache ist Prophetensache«, steht einmal trotzig in seinem Tagebuch. Und irgendwann erzählt Philipp Matthäus Hahn dem Johann Jakob, daß er von ihm geträumt habe. An diesen Traum wird sich Hahn bei einer späteren Begegnung erinnern und ihn in sein Tagebuch eintragen. Es wird davon noch zu berichten sein.

116

Der Absturz

Johann Jakob marschierte nach Hause. Vielleicht hatte er einen Brief von Pfarrer Hahn nach O. zu überbringen, aber unterwegs war er wohl die meiste Zeit allein, und das war gut: Er konnte seine Gefühle im Rhythmus der Schritte wiegen und einige Gedanken sich absetzen lassen. Was aber fühlte er, als er nach langem Albaufstieg die Hochfläche erreichte und am Abend vom Berg-Bühl auf das Dorf hinabschaute? Da standen die Häuser an der hakenförmig sich hinziehenden Straße aufgereiht im Tal, stand das Gotteshaus mit dem spitzen Turm. Vielleicht stieg Rauch aus einigen Kaminen und weckte Erinnerungen an Herdfeuer und Wärme, und er wußte, wer in dem und jenem Haus wohnte. Dann hinab und die letzten Schritte ins Haus. Wie wurde er empfangen? Geredet wurde nicht allzuviel über das Vergangene und zuerst wohl, um sich einzugewöhnen, über Naheliegendes: Daß du da bist. Hunger und Durst? Wann aufgebrochen? Was hat sich im Dorf ereignet? Hochzeiten und Todesfälle.
Johann Jakob war zu Hause, und die Eltern werden erleichtert gewesen sein. Und er war müde. Morgen würde man an die Arbeit gehen; der Vater wußte, was zu tun war, irgend etwas in der Schmiede oder in der Landwirtschaft. Die alten Kleider. Alles sieht und fühlt Johann Jakob aber als einer, der aus der Ferne kam. Und die Tage vergehen, die Wochen. Johann Jakob wird nicht auffällig, zumindest erfährt der Chronist nichts von ihm, was den Sommer betrifft. Und doch ist alles anders: Er war ein Jahr im Zuchthaus – in einer anderen Welt. War anderen Menschen begegnet und hatte sich anders zu verhalten gehabt. War ein Jahr älter geworden, und ein Jahr in jungen Jahren ist für die Entwicklung viel, zumal im Zuchthaus und wenn man für seinen Glauben büßt; das zählt

nicht nur doppelt, sondern dreifach. Und die Eltern, die Nachbarn, die Dorfbewohner waren ihm fern gerückt, er sah sie anders als vorher, kleiner. Und wenn er jemand begegnete? Sein kindliches Zutrauen war verflogen, hatte sich aufgelöst wie ein Nebel, in dem er lange gewandert war. Es war, als würde ihm ein fremder Geruch anhaften. Wie nun grüßte er die Leute und sie ihn? Sollte man so tun, als ob nichts gewesen wäre? Einfach das Jahr und was ins Zuchthaus geführt hatte, aus dem Gedächtnis tilgen? Nicht daran rühren? Aber wenn er allein war? Und die Nächte? Es war alles anders, aber was war, konnte er nicht erfassen. Also abwarten. Die Tage herunterleben. Vom Wetter reden, der Arbeit, dem Geld. Aber wem er auch begegnete, man wußte, wer er war. Was die Leute über ihn redeten? Ob er immer noch predigen wollte? Glaubte er an seine Erscheinung?

Johann Jakob lebte in einem Schwebezustand, bewegte sich wie auf einem Luftkissen. Ob er sich bei innerer Bedrängnis auf den Weg zu den Wiesen in Hülen machte, und wenn, mit welchen Gefühlen und Gedanken? Verweilte er an dem Ort, wo sein Leidensweg begann? Sein neues Leben? Es ist ja so, daß es den Menschen an jene Orte zieht, an denen ihm Bedeutendes – im Guten wie im Schlechten – widerfahren ist, wo er eine entscheidende oder doch sehr wichtige Begegnung hatte, sei dies Kindheitserlebnis oder Unfall, das Zusammentreffen mit dem Lebensgefährten; sei es, daß er verletzt, geschlagen oder beglückt wurde, eine Idee ihn überkam, ein Licht ihm aufging, er ein Liebes begraben mußte. Herausgehobene Orte sind das, und wäre da nur eine beliebige Wiese. Jeder Mensch hat solche Orte, und wenn er sich ihnen nähert, überkommt ihn ein Erinnern, ein Gefühl der Andacht; er befindet sich an gezeichnetem, ja, manchmal an geweihtem Ort, und Gedanken zu Sinn oder Sinnlosigkeit des Lebens, zur Vergänglichkeit alles Irdischen steigen in ihm auf. Was hatte sich für Johann Jakob in den Wiesen in Hülen zusammengeballt, daß er bei einem dortigen Verweilen wohl Ewigkeit und

Unendlichkeit zu schmecken bekam? Solches Ortserleben kann so mächtig sein, daß ein Gedenkstein herbeigeschafft, ein Kreuz errichtet oder gar eine Gedächtniskapelle erbaut wird. Wo Verdichtung von Unsagbarem geschehen ist, kann das Bedürfnis entstehen, durch ein Mal den Ort zu bezeichnen.

Die Wiesen in Hülen werden einen Sog auf Johann Jakob ausgeübt haben, und es ist nur die Frage, ob er ihm nachgab und ab und zu hinging, oder ob er ihn mied und Umwege machte. Weil der Vater aber einen Kohlenmeiler betrieb und wohl auch sonst ab und zu etwas auf dem Feld zu tun war, wird es im Lauf eines Sommers nicht zu vermeiden gewesen sein, daß er an den Wiesen in Hülen vorbeikam und an sein Erlebnis erinnert wurde.

Und noch etwas hatte sich geändert: das Verhältnis zum Vater. Der war dem Schnapstrinken verfallen, und das gab Streit, nicht nur, weil das Wirtschaften aus dem Gleichgewicht kam, sondern auch, weil das kein christlicher Lebenswandel war. Johann Jakob wollte das Schnapstrinken nicht leiden. Was sich daraus an Worten zwischen Vater und Sohn ergab, kann man sich vorstellen. Johann Jakob fühlte sich dem Vater gewachsen, war keineswegs geknickt oder geduckt und genoß bei manchen Dorfgenossen und darüber hinaus einen Ruf. Spätere Aussagen lassen darauf schließen, daß er nach der Rückkehr aus dem Zuchthaus selbstbewußt und vielleicht gar eingebildet war, noch nicht in einem neuen Gottesverhältnis verankert. Er »häutete« sich gewissermaßen wie manche Tiere und gab sich wohl als einer aus, der die Welt kennt, ja der größere und tiefere Erfahrungen gemacht hat als die meisten seiner Mitmenschen und nun weiß, »wo Bartel den Most holt«. Hatten nicht Oberamtmann, Dekan, Oberamtsarzt, Pfarrer Vellnagel sich ausführlich mit ihm abgegeben? Er wußte mehr von ihnen als die anderen Dorfbewohner, hatte mit ihnen auf einer besonderen, ja man kann sagen auf einer gehobenen Ebene verkehrt. Und hatten sich nicht die höchsten Instanzen des Landes bis hinauf zur obersten Kirchenbehörde und zum Herzog mit ihm befaßt? Waren wegen ihm nicht ausführliche Überlegungen angestellt und Gespräche geführt worden? Und erst die Unterredungen mit Anstaltspfarrer Beckh, diesem gebildeten, klugen und einfühlsamen Menschen? Und mit Pfarrer Hahn? War sein Horizont nicht gewaltig ausgeweitet, waren seine Lebenseinsichten nicht gewichtig vertieft worden? Ja, war er im Dorf nunmehr nicht einer der farbigsten, geheimnisvollsten und landeserfahrensten Menschen? Johann Jakob war bei all den Verhandlungen und Gesprächen im bildungsfähigen Alter gewesen, einem Alter, wo die Söhne vermögender Familien sich die Welt anschauten, ihre Bildungsreisen machten, viel Geld ausgaben und dann in der Regel aus einer Sonnen- und Ruhmeswelt wieder in eine provinzielle Begrenztheit zurückkehrten. Was von deren »Auslandserfahrungen« erhofft wurde, nämlich daß sie gereift waren und über einen erweiterten Horizont verfügten, glich zu einem guten Teil dem, was Johann Jakob in einer Schattenwelt erworben hatte: Er war erwachsen geworden. Konnte er da mit seinem wieder eingeengten, eingeschränkten Leben zufrieden sein? Er fühlte sich dem Vater gewachsen, glaubte ihn zurechtweisen zu dürfen.

In den ersten Augusttagen des Jahres 1773 bricht ein Streit zwischen dem jungen Johann Jakob und seinem Vater besonders heftig aus, und Johann Jakob wird aus dem Haus gewiesen. »Such dir einen Meister, wo du willst, aber verschwinde!« Und Johann Jakob geht. Er rennt in die Welt hinaus. Das kommt vor – damals wie heute. Häufig legt sich der Sturm bis zum Abend oder, wenn er stärker ist, in ein paar Tagen. Vielleicht, ja wahrscheinlich wäre es Johann Jakob ebenso ergangen, wenn da nicht die Kuh gewesen wäre.

Zunächst aber geht er davon, ohne genau zu wissen, wohin und was dann, es sei denn, er hätte sich nach früheren Streitereien schon Gedanken gemacht. Der Chronist nimmt an, daß er blindlings davonging. Und wohin trieb es ihn? Er ging nicht etwa auf gebräuchlichen Wegen in Richtung Ebingen,

Balingen oder Hechingen, sondern ostwärts, wo er voraussichtlich keinem Menschen begegnen wird. Der Weg führte ihn über die Wiesen in Hülen, den Ort seiner Erscheinung. Hoffte er auf Trost? Oder ging er den Weg, weil der in die Einsamkeit, eine biblische Wüste führte? Wollte er, erregt, wie er war, einen Strich ziehen, was heißt: eine große Entfernung zwischen sich und den Vater und das Dorf und seine Vergangenheit bringen? Er ging diesen für ihn schicksalhaften Weg, und an dem, was ihm da widerfuhr, ist manches seltsam.

Johann Jakob gelangte von den Wiesen in Hülen ins Heufeld, eine Hochebene, auf der im August die Wiesen abgemäht waren und wo auf ein paar Äckern das Korn heranreifte. Von jemand, der dabei war, seine Heimat zu verlassen, auch wenn er sich ausgestoßen fühlte, ist anzunehmen, daß er nochmals zurückblickte, ehe er im Wald verschwand. Bei Johann Jakob wäre dies ein Blick über Ährenfelder und Wiesen gewesen, von einem Weg durchzogen, der sich in einem Bogen den Hang hinaufwand, hinter dem das Dorf lag, das nun für lange Zeit für ihn verschwunden sein mußte. Dann ging er vorwärts durch den Bremelhart, heute ein großes Waldgebiet, damals aber von Wiesen überzogen, wie der Name eines Waldstückes ausweist, das heute noch »Farrenwiesen« heißt. Der hintere Bremelhart war ein lichter Weidewald, eine sogenannte Holzwiese, und dort irgendwo weidete die Viehherde der Gemeinde. Einer Begegnung mit dem Hirten wird Johann Jakob aus dem Weg gegangen sein, denn der hätte nach dem Wohin fragen können. Er ging hinüber an den Nordrand des Albtraufs, der steil, ja öfters senkrecht abfällt und wo nur an einer Stelle ein Pfad hinabführt, das sogenannte Fürstenwegle, das der Fürst von Hohenzollern-Hechingen für die Jagd hatte anlegen lassen. Und da, am Anfang dieses steilen Pfades, stand eine Kuh, die sich verlaufen hatte. Sie befand sich, wie Johann Jakob angab, bereits auf Zollerischem Gebiet und hatte eine Glocke, Johann Jakob sagt »Schelle«, am Halsriemen. Er ging auf die Kuh zu, faßte sie am Riemen und zog sie mit sich fort, aber nicht zurück zur Herde. Ein »Diebsgriff« also, wie es später in den Protokollen heißt. Was war da in Johann Jakob vorgegangen? Der Chronist stellt sich folgendes vor: Johann Jakob sieht die Kuh, und die Kuh sieht ihn. Er geht auf sie zu und krault ihr die Haare zwischen den Hörnern, und sie läßt es geschehen. Er faßt sie am Glockenhalfter und zieht sie herauf auf das Gebiet der Gemeindeweide, und sie läßt es geschehen. Er redet mit ihr, wie man mit einer Kuh so redet: »Komm, Moggel, komm! Hast dich verlaufen. Komm nur! Du und der Johann Jakob, wir zwei, wir haben uns verlaufen. Komm nur!«

Nun ist bekannt, welcher Trost von einem Tier ausgehen kann, wenn man erst einmal mit ihm redet, es als Partner angenommen hat. In einer schwierigen Situation, und besonders im Unglück, kann man sich einbilden, das Tier würde auf der Ebene einer grundtiefen Gemeinsamkeit Verständnis haben, ja von ihm würde eine Art Urecho aus einem Bereich kommen, der tiefer liegt, als unsere Sprache hinabreicht. Dem sei nun, wie ihm wolle: Die beiden, Johann Jakob und die Kuh, setzten Schritt vor Schritt.

Sie gelangten auf den Weg, der ganz in der Nähe ins Killertal führt und trieben nun nicht in Richtung Herde und Heimat davon, sondern entgegengesetzt hinab auf einem Weg, der langhin am Steilabfall nach Starzeln führt.

So auf dem Weg aber muß Johann Jakob klar geworden sein, daß er dabei war, eine Kuh zu stehlen, ein gemeiner Viehdieb zu werden. Was war Sache? Der Vater hatte ihn, wie man hierzuland sagt, zum Teufel gejagt, im Zorn, in Katerstimmung. Und er, Johann Jakob, hatte gerufen: »Ich gehe! Ich gehe!«, hatte nach Jacke und Hut gegriffen und, überwältigt von Trotz, das Haus verlassen. Auf die Mutter hörten beide nicht. Beim Davonstürmen aber mag sich Johann Jakob langsam seiner Situation bewußt geworden sein: zum Verzweifeln! zum Heulen! Halb betäubt tragen ihn die Füße über Feld, und er hat keine Ahnung, was ihn erwartet, wo er Obdach findet und wie er sich durchbringen kann. Und Geld? Was hat er an Geld? Nur ein paar Kreuzer. Aber umkehren? Nein, und wenn es ihn das Leben kostet! Es ist nun so, und er ist nicht der Mensch, der da klein beigibt. Er marschiert an den Wiesen in Hülen vorbei, wird an die lichte Gestalt erinnert. Wußte jemand von seinem Elend? Konnte ihn überhaupt jemand in seinem wirren Wesen bis zu den Wurzeln verstehen? Sah etwa Gott in seiner Allwissenheit und Allmacht seinen unendlichen Jammer? Und dann sah er die Kuh, verlaufen, von der Herde entfernt wie er. Konnte es da nicht sein, daß er dachte: Sie ist dir als Zeichen gewiesen. Es gab doch in der Bibel die Geschichte von Abraham, dem seinerzeit, als er gehorsam sein und den Sohn opfern wollte, ein Widder gezeigt wurde, der sich von der Herde verlaufen und mit den Hörnern in einer Hecke verfangen hatte. »Und ging hin und nahm den Widder«, steht in der Bibel.

Ob Johann Jakob so etwas durch den Kopf ging? Aber vielleicht geschah alles viel nüchterner. Johann Jakob war verbohrt und stahl die Kuh. Das fromme Feuer in ihm war erloschen, überkrustet vom Nützlichkeitsdenken, zugedeckt mit Selbstgefälligkeit und Trotz.

Also Viehdieb. Stiehlt eine ausgewachsene Kuh. Das war in Friedenszeiten unerhört. Und das der Johann Jakob, der Bibelleser! Er kannte doch die Zehn Gebote, darunter das: »Du sollst nicht stehlen!« und darunter auch dieses: »Du sollst dich nicht lassen gelüsten deines Nächsten Ochsen!« Und stahl eine Kuh, vielleicht nur eine Stunde, nachdem er dem Vater vorgeworfen hatte, er handle mit seinem Schnapstrinken gegen das Gebot Gottes, seinem Vater, der wie er Johannes hieß und deren beider Namenspatron Johannes der Täufer war, von dem in der Bibel stand: »Wein und starkes Getränk wird er nicht trinken.«

Mit der Kuh kam Johann Jakob nur langsam voran. Er führte sie manchmal am Glockenhalfter, manchmal an einem Horn, lenkte sie mit einem Stecken, denn sie wollte nicht immer hinter oder neben ihm hertrotten, sah manchmal Futter am Weg. In Starzeln erregte das seltsame Gespann einige Aufmerksamkeit, und als sich die Gelegenheit ergab, kaufte Johann Jakob zuerst einmal einen Kälberstrick um einen Kreuzer. War ja einer, der mit einer Kuh über Feld zog und nicht einmal einen Strick hatte, sie zu führen. Das fiel auf, und er wurde gefragt: »Woher, Landsmann? Wohin des Weges?« Johann Jakob gab an: »Nach Meidelstetten, Uracher Oberamts, auf die Weide.« Ob er sich diese Antwort nur so zurechtgelegt hatte, ja, was er von dem doch sehr weit entfernten Meidelstetten überhaupt wußte, ist nicht überliefert.

Johann Jakob zieht weiter, will Abstand zum Tatort gewinnen. Er verläßt das Killertal und gelangt über Salmendingen nach Melchingen. Dort begegnet er dem Seiler Stefan Löffler, der ihn nach dem Woher und Wohin befragt und schließlich auch: »Ist die Kuh feil?« – »Wenn ihr gut bezahlt«, antwortet Johann Jakob. »Was soll sie kosten?« Johann Jakob hat sich einiges überlegt und sagt: »20 Gulden.« Der Löffler merkt, daß da etwas faul ist und sich ein günstiger Kauf machen läßt. Er handelt den Preis auf 16 Gulden herunter, bezahlt 8 Gulden und will, ehe er den Rest herausrückt, eine Bescheinigung, daß die Kuh auch gesund ist. Am Ende sagt Johann Jakob: »Gut. Morgen bringe ich dir die Bescheinigung und du gibst mir die noch fehlenden 8 Gulden.«

Die Kuh wird nun in den Löffler'schen Stall geführt. Es ist wohl gegen Abend, und Johann Jakob macht sich auf den Rückweg. Er hat aber ein Problem, denn er hat den Löffler angelogen, hat ihm gesagt, er sei aus Burgfelden. Und mit der Bescheinigung war das auch so eine Sache, denn in O. kann er sie ja nicht besorgen, da wird die Kuh inzwischen gesucht und ist der Teufel los. Johann Jakob marschiert trotzdem rüstig heimwärts, und es ist wohl bereits dunkel, als er zu Hause anlangt. Er sagt dort nicht, wo er war und was geschehen ist, aber er ist zurückgekommen. Die Eltern sind sicher erleichtert. Johann Jakob aber verschwindet so bald wie möglich in seiner Kammer. Am Morgen, als er sich wieder auf den Weg macht, sagt er zur Mutter, er gehe in die Ernte zum Schneiden. Das war um diese Jahreszeit nichts Ungewöhnliches, denn mancher aus dem Dorf verdiente sich bei großen Bauern im Oberland oder im Gäu als Hopfenpflücker ein bescheidenes Zubrot.

Johann Jakob marschiert wieder in Richtung Killertal und kommt nach Starzeln. Dort kehrt er im Wirtshaus ein, bestellt Essen und Trinken und verlangt Papier, Tinte und Feder. Er erhält das Gewünschte vom Wirt, ohne daß der ihn fragt, wozu er das brauche, zumindest berichtet das später der Oberamtmann. Dann stellt er sich die gewünschte Bescheinigung aus, eben daß die Kuh gesund und ohne Fehler ist. Die Formulierung hat der schriftbewanderte Johann Jakob bereits fertig im Kopf – und setzt eine Unterschrift darunter, die der des Vogts von Burgfelden gleichen mochte oder auch nicht. Was wußte schon der Seiler von Melchingen vom Vogt von Burgfelden! Schließlich bittet er noch um das Petschaft des Wirts, also Wachs und Siegel, und drückt einen Stempel aufs Papier. Nun hat er, was der Seiler will und marschiert eilends nach Melchingen, um den restlichen Kaufschilling abzuholen. Als ihm dort der Löffler die 8 Gulden übergeben will, tritt aber der Melchinger Jäger, der Polizist also, ins Zimmer, welchem, wie es heißt, »sein Diebsgriff verraten gewesen und ihm auf dem Fuß nachgefolgt war«. Man hatte den Johann Jakob abgepaßt, denn noch war nicht bekannt, wo die Kuh geblieben war, aber nun war er in der Falle. Er wird verhaftet und vom Jäger – ins Wirtshaus gebracht, denn dort sitzt, o Schreck!, Konrad Maute, der Eigentümer der Kuh.

Im Bericht, den Oberamtmann Lotter am 14. August 1773 an die Herzogliche Regierung in Stuttgart sendet, heißt es nüchtern: *Johann Jakob, Schmiedjung von O., diesseitigen Oberamts gebürtig, welcher vor 2 Jahren so viele Unruhe in den Flecken und obere Gegend gemacht, hat von dahiesiger Markung eine von der Gemeindeherde entlaufene Kuh weg und in*

den nächst gelegenen Hechingischen Flecken Starzel, von dort
aber nach Melchingen, Fürstenbergische Herrschaft geführt.
Was sich am Abend zuvor, als die Kuh vermißt wurde, in O.
abspielte, ist leicht vorstellbar. Nachdem der Hirte verzwei-
felt nach der Kuh Ausschau gehalten hatte, mußte er die Herde ins Dorf bringen und dem Besitzer sagen, seine Kuh sei
verschwunden. Dieser, zusammen mit dem Hirten und dem
einen und andern Nachbarn, machte sich, solange es noch
hell war, auf die Suche. Sie durchkämmten den Bremelhart
und die angrenzenden Gebiete, aber vergeblich. Die Suche
wurde am andern Morgen wieder aufgenommen, denn die
Kuh konnte ja nicht vom Erdboden verschwunden sein. Der
Suchbereich wurde erweitert, und Konrad Maute gelangte bis
Starzeln, wo sich jemand an den seltsamen Kuhtreiber vom
Vortag erinnerte. Einmal auf der Spur, fragte sich Maute von
Ort zu Ort durch und gelangte nach Melchingen, wo die
Spur endete. Dort wurde herumgefragt und Ausschau gehal-
ten, der Polizist verständigt. Bald kam der Dieb und konnte
beim Handel erwischt werden.
Wie Konrad Maute den Johann Jakob im Wirtshaus empfing,
kann sich jedermann ausmalen. Es wird alles gebraucht haben
– und nur gut, daß der Polizist dabei war –, daß er nicht auf
Johann Jakob losging und ihn verprügelte. Aber Hohn und
Spott: Sieh mal einer an! Der Scheinheilige und Zuchthäusler! Der Prediger!
Johann Jakob wurde in die Oberamtsstadt Trochtelfingen abgeführt, »woselbst man ihm das Geld abgenommen und bis
auf 21 Kreuzer vorgefunden hat, welche er innerhalb 2 Tagen verzehrt«. Nun Arrest, Meldungen und Berichte hin und
her und nach Tagen die Auslieferung nach Balingen. Was sich
im Einzelnen abspielte, deuten die Rechnungen an, die am
Ende bei der Herzoglichen Rentkammer eingereicht wurden,
wobei wieder der Vermerk auftaucht, daß der Betrag nach
dem Absterben der Eltern, welche noch ein Häusle im Vermögen haben, geltend zu machen sei.

Es werden berechnet:

Botenlohn. Johannes Maute von O. wurde mit dem
oberamtlichen Auslieferungsersuchen nach Trochtel-
fingen abgeschickt.Taggeld   15 Kreuzer
2 Imbiß zu 15 Kreuzer   30 Kreuzer

Gefängniskosten in Trochtelfingen   4 Gulden 20 Kreuzer

Dem Dorfvogt Michael Haasis zu O., welcher zur
Abholung des Johann Jakob mit 2 Wächtern an die
Grenze bei Mägerkingen abgeordnet worden, densel-
ben in Empfang zu nehmen, für einen Tag, da der
Platz 5 Stund weit von O. abgelegen, Taggeld   24 Kreuzer
2 Imbiß, da das Nachtessen nicht mehr zu Haus
erreicht worden   48 Kreuzer
Roßlohn um der weiten Entfernung willen (der Dorfvogt
ist geritten) für Heu und Hafer über Mittag samt
Stallmiete   14 Kreuzer
Den folgenden Tag für den Transport von O. nach
Balingen, da O. über 3 Stund entfernt ist, Taggeld   24 Kreuzer
2 Imbiß   24 Kreuzer

Den beiden Wächtern Ludwig Mattes und Mattes Boss
aber auf den 1. Tag um der beschwerlichen Reise
willen für Taggeld 2 x 15 Kreuzer und 2 Imbiß
4 x 18 Kreuzer   1 Gulden 42 Kreuzer
Den Johann Jakob vollends nach Balingen zu
eskortieren, jedem 20 Kreuzer   40 Kreuzer
Denselben über Nacht zu bewachen à 16 Kreuzer   32 Kreuzer

Auf den Delinquenten Johann Jakob
wurden unterwegs verwendet zu Mägerkingen   7 Kreuzer
zu Burladingen   4 Kreuzer
zu O. über Nacht   8 Kreuzer
Turm- und Atzungskosten für 22 Tage in Balingen
nebst Wartgeld und zweimaligem Vorführen zum
Verhör   6 Gulden 21 Kreuzer

Das ergibt   *21 Gulden 3 Kreuzer*

Anmerkung des Chronisten: Die Kuh hätte 16 Gulden gebracht.

Mit der Rechnungslegung ist der Chronist dem Geschehen vorausgeeilt. Während Johann Jakob zu Trochtelfingen im Gefängnis eingeliefert wird, erreicht Konrad Maute mit seiner Kuh wieder die Heimat. Er hat zu erzählen und dem Vogt zu berichten. Ein Weitersagen stößt das andere an, und so wogt und brodelt es im Dorf. Was? Der Johann Jakob? Der mit seinen Erscheinungen und dem Predigen? Neugier. Betroffenheit. Niedergeschlagenheit und da und dort auch Schadenfreude. Großes Ereignis! Die armen Eltern und Geschwister! Der Vogt verständigt auf schnellstem Weg den Oberamtmann, der allerdings am 5. August auch offizielle Nachricht vom Oberamt Trochtelfingen erhält. Johann Jakob befindet sich fernab im Gefängnis, was in der aufgeregten Situation wohl gut für ihn war.

Bei diesem Stand der Dinge trifft Philipp Matthäus Hahn in O. ein. Wir erfahren aus seinem Tagebuch:

Donnerstag, 5. August 1773. Ich war auf den Mittag um zwei Uhr zu Herrn Dekan in Balingen eingeladen, ging aber doch ab auf O. In Zillhausen kehrte bei dem Bruckenkonrad ein, aß zu Mittag eine gestandene Milch. Er ging mit mir auf O. Ehe wir hinkamen, erzählten mir alle Leute von O., die mir begegneten, daß der Johann Jakob, der wegen seiner Zeichen im Zuchthaus war, eine Kuh gestohlen habe. Dadurch mein Geist sehr niedergeschlagen wurde und an meinen Traum gedachte, da mir von ihm geträumt, ein eingepfetztisches neugeborenes Kind[1] in der Hand zu haben, welches ich wider einen Hund verteidigt und welches mir in die Hand hofiert[2] und ohngeachtet dessen ich es fort verteidigt habe. Ich habe es ihm auch gesagt, als er Abschied nahm von mir in Kornwestheim, wie er von Ludwigsburg los worden.

Wie treffend der Traum: Hahn hilft einem Wickelkind, einem unmündigen, schutzlosen Menschen also, das ihm fort-

---

1 Wickelkind
2 gepinkelt

während mit seinen Ausscheidungen Schwierigkeiten macht. Und dann schreibt er noch ins Tagebuch: *... richtete es ein, daß ich gleich abends mit den Gutgesinnten von O. reden konnte ins Paulus Haus, wohin ich alle berufen ließ. Redete von der Wiedergeburt zur Sohnschaft durchs Wort des Evangeliums. Beteten und nachts um zehn Uhr gingen wir auseinander. Sprachen mich an, morgen zu predigen, welches ich auch tat, da der Vater im Himmel es regierte, daß der Pfarrer gleich einverstanden war, als ich mich des andern Tages anerboten.* Also ein besonderer Gottesdienst wegen der Verwirrung in der Gemeinde.

»Ins Paulus Haus« heißt: in der Stube des Paul Demuth, von dem schon mehrmals die Rede war. Er muß ein herausragender Mann gewesen sein. »Wohin ich alle berufen ließ«, alle die Gutgesinnten, die Pietisten, und unter ihnen wohl viele Anhänger des Johann Jakob, die mit seiner Verfehlung jetzt ihre liebe Not hatten. Schön von Hahn, daß er in der entstandenen Geistesverwirrung hilfreich sein wollte. Welchem Spott konnten die Gutgesinnten in der Gemeinde nun ausgesetzt sein, welcher Anfechtung ihres Glaubens! Wie gut war es da, wenn sie sagen konnten, was ihr gescheiter Pfarrer Hahn ihnen aus biblischer Sicht zum Vorfall dargelegt hatte. »Und redete von der Wiedergeburt zur Sohnschaft durch das Wort des Evangeliums.«

Am nächsten Tag predigte Hahn, nachdem er ab 6 Uhr bis zum Zusammenläuten der Glocken beim Schulmeister Konstruktionszeichnungen seiner neuen Rechenmaschine durchgesprochen hatte, predigte von »der Seligkeit und Würde der Kinder Gottes, teils in gegenwärtiger Zeit, teils in der zukünftigen Welt«, und predigte über die Epistel des 8. Sonntags nach Dreieinigkeit, in welcher steht: »Denn welche der Geist Gottes treibt, die sind Gottes Kinder.« Der zugehörige Evangelientext steht in Matthäus 7, und da heißt es: »Sehet euch vor vor den falschen Propheten, die in Schafskleidern zu euch kommen, inwendig aber sind sie reißende Wölfe«, und: »An ihren Früchten sollt ihr sie erkennen.« Ob Hahn auch diesen Text für seine Predigt herangezogen hat, ist nicht vermerkt. Hahn predigte über die Epistel, und er wird klargemacht haben, wie schwärmerische Einbildung in die Irre gehen kann, und er wird sich kein endgültiges Urteil über Johann Jakob angemaßt haben. In diese Richtung weist sein Tagebucheintrag vom Samstag, 7. August: *Da aber der Oberamtmann kam, so ging hinüber ins Pfarrhaus, um das Weitere von ihm zu hören wegen des Johann Jakob. Er sagte, nun wolle er ihn recht schlagen lassen, bis er gestehe. Ich sagte, es habe kein Oberamtmann das Recht dazu, ein Landeskind zu schlagen, sondern nur die Vaganten[3], welches er auch eingestund. Ich erfuhr, daß der Mann die gestohlene Kuh wieder bekommen hat, und das Geld hat der Bub noch ganz gehabt und wieder herausgegeben und sitze in Melchingen immer noch. Fand auch, daß Oberamtmann die Erscheinung und Geistersache dieses Buben von diesem halb geglaubt, deswegen er, wie er sagte, lieber lavieren[4] wollte.*

Ja wie! Wenn der Oberamtmann halb an die Erscheinung Johann Jakobs glaubte, muß dieser mit großer innerer Sicherheit und mit Überzeugungskraft aufgetreten sein. Und der Oberamtmann will lieber lavieren – dieser Pontius Pilatus!

Philipp Matthäus Hahn kehrte am selben Nachmittag, als er in Richtung Tübingen davonreiten wollte (man hatte ihm ein Pferd zur Verfügung gestellt), »noch auf Begehren bei dem Dorfvogt ein im Wirtshaus, da einige von den Richtern versammelt waren, welche ihre Liebe zeigten«. Vogt und Gemeinderäte wollten nochmals mit ihm über Johann Jakob reden, seine Meinung hören und wohl mehr Sicherheit gewinnen, wie sie sich zu allem stellen sollten. Auch sie waren unsicher – das Handeln Johann Jakobs war schwer zu verstehen – und dankbar, daß Hahn gerade in diesen aufregenden Ta-

---

3 Landstreicher, fahrendes Volk
4 sich durch Schwierigkeiten hindurchwinden

gen in O. war, ja einen Gottesdienst gehalten hatte. Sie »zeigten ihre Liebe«; das heißt bei Schwaben etwas, erst recht bei
wortkargen Landbewohnern!

Zu »Willkomm und Abschied«

Johann Jakob wurde von den Fürstenbergischen ausgeliefert. Auf dem Weg von Trochtelfingen nach Balingen wurde im Heimatort übernachtet, nicht zu Hause, sondern in der Arrestzelle. Es wird nicht berichtet, wie Johann Jakob seinen Eltern begegnete, auch nichts davon, wie sich Dorfbewohner äußerten. Einige haben sicher gesehen, wie er von den Wächtern zum Arrest geführt wurde. Es darf angenommen werden, daß die Eltern mit ihm sprechen und wohl auch zu essen und trinken bringen durften.

Welches Wiedersehen! Es werden Tränen geflossen sein, Tränen, die ja ein Überfließen sind, wenn die Fassungskraft des Verstandes überstiegen wird und Schicksalhaftes den Menschen anrührt. Gegen Ende dieser Begegnung wurde vielleicht überlegt, was nun getan werden konnte. Ja, was nur? Da war doch vor ein paar Tagen Pfarrer Hahn im Dorf und hatte eine Predigt gehalten und mit den Leuten geredet. Offensichtlich hatte er Johann Jakob, seinen ehemaligen Schüler, nicht verworfen, denn der Vater machte sich, wohl schon am andern Tag, als der Sohn in Balingen eingeliefert wurde, auf den Weg nach Kornwestheim, wo er am 13. August eintraf. Hahn vermerkte im Tagebuch:

Johannes Jakob gekommen, der ein Schreiben und Attestat von dem ganzen Vorgang seines Sohns begehrt, weil er ihn wollte unter das Militär bringen. So ich auch getan, weil meine Träume solches ausweiseten, ohne zu wissen, wie dadurch geholfen werde. Er kam zu Herrn General Georgi und Herrn Dekan damit. Gutes Omen, weil er in gute Hände gefallen, die ihm einen guten Rat gegeben, nicht unter das Militär zu treten, welches mir selbst nie gefallen wollte.

Da war ja einiges in Bewegung gesetzt worden! Wie aber

132

kommt ein Dorfschmied zu einem General? Es ist anzunehmen, daß Hahn mit Vater Johannes Jakob nach Ludwigsburg hinüberging, sie dort den Dekan aufsuchten und dieser ein Gespräch mit dem General vermittelte. Nun wird von allen vom Militärdienst abgeraten, obwohl der Vater nichts dagegen gehabt hätte. Er wollte ihm das Zuchthaus ersparen. Allen, auch General Georgi, war aber klar: Der Johann Jakob ist keine Landsknechtsnatur. Soldaten waren damals zwar gesucht, aber Soldatsein kein angesehener Beruf, so hoch Offiziere auch geachtet wurden. Wie das mit dem Soldatwerden ein paar Jahre später, gegen Ende des 18. Jahrhunderts, im Raum Biberach zuging, schildert Johann Baptist Pflug in seinem Buch »Erinnerungen eines Schwaben«:

In den alten Zeiten kam nämlich von Zeit zu Zeit ein Schreiben des Oberamts an den Ammann[1] des Dorfes mit der Weisung, sofort einen oder zwei Rekruten zu stellen. Ammann und Gericht »eines gemeinen Dorfes« pflegten dann mitten in der Nacht irgendeinen ausgewachsenen Hintersassen des Hirtenhauses heimlich zu überfallen, auf einen Leiterwagen zu binden und an das Oberamt abzuliefern. War im Hirtenhaus kein tauglicher Bursche zu holen, so faßte man irgendeinen anrüchigen oder einen mißliebigen Hintersassensohn oder einen fremden Knecht, der ohne Erlaubnis Vater geworden war. Falls nun auch ein solcher nicht aufzutreiben gewesen, so reisten die Machthaber des Dorfes gen Oberdischingen zu dem Malefizschenken und kauften sich für hundert Gulden zwei Spitzbuben[2], die sie dann dem Oberamt überantworteten. In der Regel machte der Graf ein gutes Geschäft, denn nach etlichen Wochen waren diese beim Militär durchgebrannt und saßen wieder in den Keuchen[3] zu Dischingen.

Auch im Württembergischen gab es damals Jahre, wo zur Zeit eines Oberst Rieger Trinker, unruhige Geister, Leichtfüße

[1] Vogt, Bürgermeister
[2] Zuchthäusler
[3] Gefängniszellen

kurzerhand zu den Soldaten gesteckt wurden. Zuchthaus oder Soldat stand zur Wahl.

Johann Jakob aber befand sich im Gefängnis zu Balingen. Als er dort eingeliefert wurde – Bürgerturm und Arrestzelle kannte er ja schon, auch das Personal –, dürfte er als alter Bekannter in Empfang genommen worden sein. Keine Ehre! Vielleicht Spott und Hohn. Er wird am nächsten oder übernächsten Tag zum Verhör abgeholt. Der Oberamtmann soll ihn mit triumphierendem Lächeln empfangen haben; er wird wohl gedacht oder gesagt haben: Nun haben wir dich, scheinheiliges Bürschchen! Bist durchschaut, du Schwerenöter! Uns führst du nicht an der Nase herum! Von Anfang an haben wir dir nicht getraut, und nun ist es am Tag, daß du ein Betrüger bist! – Für den Oberamtmann war der Fall gelöst, er brauchte Johann Jakob nur noch zu verhören und den Vorfall an die Regierung zu berichten; er konnte da nichts falsch machen.

Das Protokoll dieses Verhörs, von dem Gerichtsschreiber Erhard Engelfried und dem Ratsschreiber Georg Roller geführt, ist erhalten; der Oberamtmann legte es seinem Schreiben an die Herzogliche Regierung bei. Die Fragen zielten naturgemäß nicht nur auf den Hergang der Tat, sondern auf die Beweggründe dafür. Wie konnte es bei einem jungen Mann, der fromm gelebt hatte und für einen eifrigen Christen gehalten wurde, zu Diebstahl, Lüge und Urkundenfälschung kommen? Gehörte er zu jenen, von denen der Volksmund sagt: »Dr brävst hot d'Goiß gstohle«? Der Schluß lag nahe, daß Johann Jakob nun sein wahres Gesicht gezeigt hatte und seine Erscheinungen Lug und Trug waren. Die meisten Dorfbewohner (aber, wie sich zeigte, auch Oberamtmann, Regierungs- und Konsistorialräte) waren nun sicher, vielleicht zu sicher: Johann Jakob ist ein Betrüger. Aber man wollte schon Genaueres wissen. Johann Jakob hatte ja nicht nur sein eigenes Leben verbogen, sondern auch Vater und Mutter der Armut und einem trostlosen Alter ausgeliefert, ganz zu schwei-

gen von der Verlegenheit, in die er seine Anhänger und
Freunde gebracht hatte.

– *Ob er sich noch erinnere, was er 1771 für wunderliches Zeug
in Erscheinungssachen vorgegeben?*
– *Er wisse wohl noch davon, könne es aber nicht mehr so nacheinander erzählen.*
– *Man wolle es nicht wissen, nur solle er Gott die Ehre geben und
einbekennen, daß er damals die Unwahrheit gesagt.*
– *Er habe nicht gelogen. Er habe aber die Güte Gottes
mißbraucht und seine Gnade mit Füßen von sich gestoßen, deshalb habe er ihn in dieses Unglück fallen lassen. Er sei zur Zeit
der Erscheinungen im Gnadenbund Gottes gestanden. Seit er
aber aus dem Zuchthaus entlassen worden und sich in die Eitelkeit der Welt verliebt, habe ihn der gute Geist nach und nach
verlassen, so daß er kein christliches Vaterunser habe mehr beten
können. Nun hoffe er, daß ihm Gott seine begangene Sünde vergibt und ihn als einen gefallenen Sünder wieder zu Gnaden annimmt.*
– *Eben deswegen solle er nun die Wahrheit einbekennen, was damals mit ihm vorgegangen, oder gewärtigen, daß man ihn mit
Ernst zum Eingeständnis bringen werde.*
– *Als damals die Erscheinung und übrige Merkmale der
Führung des guten Geistes in ihm gewirket, habe er die Güte
Gottes nicht mißbraucht, sondern nur jetzo durch seinen Diebstahl. Auch wenn man ihm den Kopf ins Feld schlage, so könne
er nichts anderes sagen.*
– *Was ihn dann bewogen, diesen Diebsgriff zu begehen?*
– *Er wisse es nicht und könne es nicht sagen. Als er an der Kuh
vorbeigegangen und diese zu sich herangelocket habe, so sei ihm
erst der Gedanke aufgestiegen, sie sich anzueignen und den Erlös als Reisegeld anzuwenden, bis er einen Meister ausfindig
mache.*
– *Ob er schon mehr dergleichen oder andere Diebstähle ausgeübt?*

– Nein! Es sei ihm kein Gedanke dazu aufgestiegen. Dies sei das erstemal.

– Was er glaube, daß die Welt von ihm sage, die von seinen vorherigen Verstellungen wisse?

– Er müsse sich gefallen lassen, was man von ihm denke. Habe der Satan sich damals in einen Engel des Lichts verstellt, so könne er sich nicht darein finden noch den Unterschied wissen. Genug sei aber dieses, daß er damals nichts gesagt, nichts vorgegeben, als was er selbst gesehen und an sich wahrgenommen habe. Er habe sich in der Verstummung auch nicht verstellt, denn er habe einmal nicht reden können.

Oberamtmann Lotter hat nach dem Verhör den Eindruck, daß Johann Jakob gern eingestehen würde, was er damals für Betrügereien getrieben, wenn er sich nicht fest vorgenommen hätte, in seiner Verstockung zu beharren, und er schreibt, daß »etwa eine Tracht Schläge denselben zum Bekenntnis der Wahrheit bringen dürfte«. Er beschließt sein Schreiben mit den Worten: »Weil aber die Drohung nichts gefruchtet, so wurde beschlossen, den festgestellten Diebstahl untertänigst einzuberichten.« Wäre die Sache mit den Erscheinungen nicht gewesen, der Kuhdiebstahl allein hätte in Balingen seine Sühne finden können.

Am 18. August wird der Bericht des Oberamtmanns in Stuttgart beraten. Anwesend sind der Geheime Rat von Thumb sowie die Regierungsräte von Woellwarth, Stockmaier, Haselmajer, Banger, Stäudlin und in Vertretung von Rieger ein Herr Fischer. In ihrem »untertänigsten Anbringen« an den Herzog wird der ganze Vorgang nochmals dargestellt und vorgeschlagen, den »boshaften Pursch« wegen seines doppelten Vergehens nunmehr zu einem Jahr Zuchthaus zu verurteilen – mit »Willkomm und Abschied«. Am 25. August genehmigt Herzogliche Durchlaucht den Antrag mit dem Vermerk, es sei bei Johann Jakob während seiner Strafzeit danach zu trachten, ihn auf bessere Wege und zur Erkenntnis seiner

Bosheit zu bringen. Das Dekret ist von den Herren von Uxkull und Renz unterschrieben.

Am selben Tag noch werden Erlasse an das Zuchthaus und
ans Oberamt Balingen ausgestellt. Der Schmiedjunge Johann
Jakob ist nun endgültig auf ein Jahr ins Zucht- und Arbeitshaus zu verbringen, wird »allda mit Willkomm und Abschied«
belegt, ist zu harter Arbeit anzuhalten. Dem Leiter des Zuchthauses und dem Anstaltspfarrer werden die Strafunterlagen
zugänglich gemacht, Lotter hat »ungesäumt« das für die
Überführung nach Ludwigsburg Nötige zu veranlassen.

Am 3. September 1773 wird Johann Jakob von den »Trans-
porteuren« Johannes Scholderer und Jakob Widmann, beide
Bürger von Balingen, in Ludwigsburg eingeliefert. Dort der
»Willkomm.« Wie sich der anhörte, hat Hermann Kurz in seinem »Sonnenwirt« beschrieben: »Unzweideutige Schläge
hallten von dem unteren Stockwerk her. Sie folgten in uner-
bittlicher Regelmäßigkeit aufeinander.« Und Stöhnen und
Schmerzensschreie.

Wie verkraftete der schmächtige Johann Jakob diesen »Willkomm«? Wie das Zuchthausjahr? Die Strafe hat er innerlich
ja angenommen, diesmal nicht um seines Glaubens willen,
sondern wegen Diebstahls und Urkundenfälschung. Und wie
verkrafteten die Eltern und Geschwister den Zuchthäusler?
Der Chronist hat keine Nachricht aus späteren Tagen gefunden, nirgends wird sein Name mehr im Zusammenhang mit
seiner Tat erwähnt. Wollte man ihn so schnell wie möglich
vergessen? Schwamm über seine religiösen Verstiegenheiten
und den Diebstahl bringen? Es sieht so aus.

Der Zeitungsbericht aus dem Jahr 1934, Sonntagsbeilage,
schließt mit der Bemerkung: »Fast tut's uns mit dem Ausgang
für den jungen Johann Jakob leid, denn seine Betrügereien
gehen ja wohl tatsächlich, wie der Ludwigsburger Arzt an-
deutet, auf eine Überreizung des Gemütslebens zurück, und
es ist gewiß schade, daß er nicht zu dem von ihm so heiß er-
sehnten Beruf hat kommen können.«

Die Lebensſpur verliert ſich

Zucht- und Arbeitshaus Ludwigsburg oder doch Soldat? Der
Chronist ist an eine Stelle gekommen, wo sich die Spur des
Johann Jakob verliert. Er sucht ein Stück weit in der einen
Richtung und dann in der anderen und findet keine Abdrücke
mehr. Wäre Johann Jakob im Zuchthaus gewesen und nach
einem Jahr entlassen worden, so hätte sicherlich Philipp Matthäus Hahn davon Notiz genommen. Er pflegte in jenen Tagen regen Verkehr mit O., war am 13. August 1774 dort, besuchte den Gottesdienst, dann den Schulmeister, notiert dies
und jenes, etwa, daß der Schulmeister ihm die Rechnungs-
maschine »ineinder tun« mußte, damit er sie am Abend dem
Herrn Lavater aus Zürich zeigen konnte. Und da sollte nicht
von dem Schmiedjungen geredet worden sein, wenn der in
jenen Tagen aus dem Zuchthaus entlassen wurde? Am 27.
August sind Hahns Söhne aus O. zurückgekommen, die vermutlich ein paar Tage bei der Tante in Ferien waren; am 29.
August und 23. September schreibt Hahn Briefe nach O.,
aber nirgends ist von Johann Jakob die Rede. Verschollen,
verdorben – oder längst bei den Soldaten?
Der Chronist ging ins Pfarrhaus und schlug die Totenbücher
auf, aber da war kein Johann Jakob verzeichnet. Also war er
in O. auch nicht gestorben, nicht in seinem Heimatort begraben worden. Wo aber mochte dieses von einer Erleuchtung getroffene Leben geendet haben? Und wie? War Johann
Jakob in die Mühlen der anlaufenden Revolutionskriege geraten? Wo aber wäre dann dieses empfindsame Leben her-
umgestoßen worden?
Der Chronist ist versucht, sich auszumalen, wie an Johann Jakob das Heimweh gefressen hat und er sich am Ende nach der
»oberen Heimat« sehnte. Es ist anzunehmen, daß er, gleich-

138

gültig, wie sich sein irdisches Leben bis zum Ende gestaltete, immer wieder einmal an seinen Gang zum Kohlenbrenner dachte, besonders in schwierigen Situationen, und das vielleicht mit einer gehörigen Portion Weltschmerz – und an seiner Berufung zum Prediger herumsinnierte.

Und dann! Ist jemals noch ein Lebenszeichen von ihm nach O. gelangt? Hat er vom Tod der Eltern und Schicksal der Schwestern erfahren? Oder ist er als erster aus dem Leben geschieden? Wenn damals einfache Leute weiter als eine Tagreise von der Heimat entfernt waren, kehrten sie nur selten zu einem Besuch zurück; sie waren nun im »Ausland«, noch früher im »Elend«.

Dem Chronisten ließ aber das Schicksal des Johann Jakob keine Ruhe, und er ging nochmals ins Pfarrhaus und durchsuchte weitere Bücher – und stieß auf eine Spur. Er fand zuhinterst in einem Seelenregister die Liste mit den »Absentes an Georgij 1783«, also den am 23. April 1783 vom Heimatort Abwesenden, und fand unter Nummer 71 verzeichnet: »Johann Jakob, predicant, Schmied bei Straßburg.« Da sieh mal einer an! Und eine weitere Notiz in der Liste der im Jahr 1786 Abwesenden bestätigte die erste. In derselben Schrift eingetragen stand: »Joh. Jakob, Schmiedknecht bei Straßburg.«

Also doch! Predicant heißt Prediger – und Schmied war der Brotberuf. Johann Jakob hatte den Weg nach Straßburg gesucht, wo sich (wie er sicherlich wußte, denn man kannte alle im Dorf Aufgewachsenen) die Brüder Johannes Bosch, Schmied, und Ludwig Bosch, Strumpfweber, befanden. Die beiden sind in derselben Liste verzeichnet. Vielleicht arbeitete Johann Jakob gar beim Landsmann in der Schmiede. Erinnerungen an vertraute Örtlichkeiten und gemeinsame Bekannte konnten dann ab und zu wie ein Duft, der über Berg und Tal gezogen kam, in ihnen aufsteigen. So ganz im »Elend« war Johann Jakob also wohl nicht, hatte sein Auskommen und, selten genug, doch auch eine Nachricht von zu

Hause und nach zu Hause. »Johann Jakob ist Schmied in Straßburg«, wird es in O. geheißen haben.

Das Bedeutsame aber war: Er war Prädikant, verkündete, wie und wem auch immer, das Wort Gottes. Er konnte seiner Berufung, von der lichten Gestalt übermittelt, offensichtlich nachkommen. Wem aber predigte er? Er war doch kein hauptamtlicher Pfarrer! Einer pietistischen Gemeinschaft? Vielleicht. Aber er hatte auf einem überaus gefährlichen Weg und nach tiefem Absturz sein Ziel erreicht.

Prädikant und Schmied bei Straßburg. Daß die Bezeichnung »predicant« im fernen Heimatort bis in die Pfarrbücher vordringen konnte, weist darauf hin, daß man dieser Betätigung einiges an Gewicht beimaß. Wohl nur allzu genau erinnerte man sich des Aufruhrs, den Johann Jakob vor einem guten Jahrzehnt angerichtet hatte. Vielleicht aber war er auch ein bemerkenswert eifriger und wirkungsvoller Prediger, denn er war nach wie vor ein von innen her Ergriffener, und das gibt Stoßkraft, macht findig, gibt einen Bilderreichtum, der aus dem Leben geschöpft und eindringlich ist. Berufung kann man nicht vergessen, nicht ablegen wie ein Gewand, das einem eines Tages nicht mehr paßt.

Wäre es nun bei diesen genannten Einträgen geblieben, so könnte sich der Chronist zufrieden zurücklehnen und sagen: Johann Jakob hat seinen Weg gefunden und ist ihn gegangen, obwohl er überschattet war von Zuchthausstrafen wie von düsteren Felswänden; er hat sich durchgearbeitet und Licht und Weite erreicht. Eine bewundernswerte Leistung. Der Chronist aber suchte weiter und stieß auf die Notiz: »Johann Jakob, Kaiserlicher Soldat«, ja im Familienregister fand sich unter »weiland Johannes Jakob hinterlassenen Kindern« der hineingeflickte Nachtrag: »Johann Jakob, geboren 7.1.1751, abwesend in Serenissimi Diensten, 96« und in einem noch später angelegten Register die Bemerkung: »Johann Jakob, 7. Jan. 1751, solle als Soldat gestorben sein.« Kein weiteres Datum, keine Ortsangabe.

An diese Eintragungen können ein paar Vermutungen ge-
knüpft werden. Sicher ist, Johann Jakob mußte in den unruhigen Zeiten der Französischen Revolution und der vielen
Kriege, die der Umbruch in Europa auslöste, Soldat sein, vielleicht als Schmied bei den Reitern. Hat er dann bei den Soldaten auch gepredigt? Um ihn waren ja Menschen, die aus
Gemeinde und Familie gerissen waren, gerissen oder von
selbst ausgerissen. Da mochte sich manchmal ergeben, daß einer froh war, einen nachdenklichen Kameraden zu haben, der
sich an das Wort Gottes hielt, kein Hehl daraus machte, von
einem Leben nach dem Tod etwas wußte; wie gut, jemand zu
wissen, dem man in einer besonderen Stunde seine Not, sein
Elend erzählen konnte. Freilich mochte es auch Situationen
gegeben haben, wie sie Gottfried Keller in dem Gedicht
»Jung gewohnt, alt getan« beschrieben hat:

Doch einem, der da mit den andern schrie,
fiel untern Tisch des Brots ein kleiner Bissen.
Schnell fuhr er nieder, wo sich Knie an Knie
gebogen drängte in den Finsternissen.

Dort sucht er selbstvergessen nach dem Brot,
doch da begann es zu rumoren,
sie brachten mit den Füßen ihn in Not,
schrien erbost: »Was, Kerl! hast du verloren?«

Errötend taucht er aus dem dunklen Graus
und barg es in des Tuches Falten.
Er sann und sah sein ehrlich Vaterhaus
und seiner Mutter häuslich Walten.

Zu denken gibt auch, daß Johann Jakob einmal in »Serenissimi Diensten«, also bei den Soldaten des Herzogs von Württemberg, den Truppen des Schwäbischen Kreises, aufgeführt
wird, das anderemal in »Kaiserlichen Diensten«. Irritierend ist
auch die beigesetzte Zahl »96«. Bezeichnet sie das Jahr des

Nachtrags im Kirchenbuch oder besagt sie, daß sich Johann Jakob 1796 noch bei den Soldaten befand?

Wie in jenen Zeiten Soldatenleben dargestellt wurde, ist auf einem Gemälde von Johann Baptist Pflug aus Biberach zu sehen. Es trägt den Titel »Übergang der württembergischen Truppen über den Rhein bei Kehl« und bezieht sich auf ein Ereignis im Jahr 1792. Auf dem Bild ist das übliche Soldatengetümmel zu sehen, im Vordergrund auf Schimmeln zwei Befehlshaber, im Hintergrund Gebäude von Straßburg mit Münster und Rauchwolken, wohl Granateinschläge.

War Johann Jakob dabei? Er war ja württembergischer Untertan. War er vielleicht ein Feldschmied? Johann Baptist Pflug berichtet in seinen Erzählungen aus jener Zeit, wie er mit Staunen eine Feldschmiede sah und das wunderliche Ding, welches ihm »direkt von der Esse Vulkans gekommen schien«, sogleich nachzeichnete.

Und der Maler Pflug weiß noch mehr zu berichten: *Im Jahr 1796, Ende Juli, kamen die Schwäbischen Kreistruppen vom Rhein zurück nach Biberach und schlugen ein Lager auf, um weitere Befehle vom Kreisdirektorium abzuwarten, nachdem der Fürst von Fürstenberg, ihr kommandierender General, Waffenstillstand mit dem General Vandamme in Gammertingen abgeschlossen hatte. Es waren die Infanterieregimenter Wolfegg, Fürstenberg, Baden, Durlich (Durlach) und Württemberg, letztere mit blauen Uniformen und gelben Beinkleidern, Westen und Aufschlägen. Sodann das Kavallerieregiment Hohenzollern-Kürassiere und Württemberg-Dragoner, letztere blau mit dunkelblauen Mänteln, die mit Achselkrägen versehen waren, aus sehr schönen, kräftigen Reitern formiert. Auch das Lazarett folgte mit einer Menge kranker und verwundeter Soldaten nach. Die Regimenter errichteten ihre Reisig- und Strohhütten sowie das übrige Gezelt in der Nähe der Stadt. Ich erinnere mich noch gut, wie sie in Gruppen je zwei oder drei hintereinander saßen und sich die Zöpfe flochten.*

Nun wieder die Frage: War Johann Jakob dabei? Als Feld-schmied bei den Württemberg-Dragonern? Als Lazarettge-hilfe?

Die Kreistruppen sahen sich damals eines Morgens von öster-reichischen Truppen umzingelt und zur Abgabe ihrer Waffen gezwungen, weil ihr Direktorium vorzeitig Frieden geschlos-sen hatte. An jeden Soldaten wurde, wie Pflug berichtet, die Frage gestellt, ob er in kaiserliche Dienste treten wolle. »Nicht einer meldete sich«, weiß Pflug zu berichten, denn ihre Wut auf die Österreicher, mit denen sie doch gemeinsam so tapfer bei Kehl gefochten hatten, war groß. *Die einen rissen die Ladstöcke aus ihren Gewehren und wanderten geraden Weges der Heimat zu. So kam es, daß viele stolze Kürassiere zu Fuß, den Mantelsack an einem Stecken, an dem noch die hohen Spo-renstiefel hingen, jämmerlich in die Heimat gelangten.*

Von einer Heimkehr Johann Jakobs ist nichts bekannt. Nach O. hätte er vielleicht nach all dem Vorgefallenen nicht ge-wollt, in den Raum Straßburg, von den Franzosen besetzt, nicht gekonnt. Der Maler Pflug schreibt: »Nicht einer mel-dete sich«, aber Pflug war nicht überall dabei. Zu fragen ist schon, ob Johann Jakob, wenn er bei den vom Rhein zurück-gekehrten Kreistruppen war, nicht als einer von wenigen in kaiserliche Dienste trat.

Mit Vermutungen also endet, was über den Lebenslauf des Johann Jakob berichtet werden kann, der in einem überwäl-tigenden Erlebnis eine überirdische Erscheinung hatte und der den Auftrag zu predigen mit seinen Kräften und Gaben auszuführen versuchte. Ob er am Ende in den Kriegswirren untergegangen ist, gestorben, gefallen, wird wohl für immer vom Mantel der Geschichte zugedeckt bleiben. Aber da war ein Leuchten, ein Aufleuchten an einem Ort und in einem Menschen, der einen fernen Horizont sichtbar machte, auf den die Menschen suchend und hoffend zuwandeln müssen.

Nachwort

Das Schicksal des Johann Jakob hat der Chronist so genau wie möglich nach den vorgefundenen Akten dargestellt. Überlieferungen in Gestalt von Dorfgeschichten oder anderen Erzählungen gibt es nicht. Er hat versucht, das Umfeld Johann Jakobs und mögliche Hintergründe seines bemerkenswerten Handelns auszuleuchten, auch einige Vermutungen an dunklen Stellen angebracht. Während der Niederschrift ist er mehrmals an den »Sonnenwirt« des Hermann Kurz, also an Johann Friedrich Schwahn, geboren 1729, erinnert worden. Es gibt da Ähnlichkeiten, aber auch große Unterschiede. Vom Schmiedjungen Johann Jakob kann nicht wie vom zweiundzwanzig Jahre älteren Schwahn gesagt werden, daß sich niemand, weder Pfarrer noch Amtmann oder Vogt, um ihn ernsthaft bemüht hätten. An Johann Jakob wird vielmehr ein umsichtiges und von der damaligen Zeit her gesehen vernünftiges Verwaltungshandeln der Behörden sichtbar. Die Zuchthausstrafe mutet uns Heutige als überzogen an, aber zu bedenken ist, daß Herrschertum in absolutistischen Zeiten mimosenhaft empfindlich ist gegen Abweichungen von der vorgegebenen Linie. Zu Hahns und Johann Jakobs Zeiten wurden selbst Lichtstuben und Versammlungen der Pietisten mißtrauisch beobachtet.

Johann Jakob geriet am Ende unter die Soldaten, aber nicht wie Schwahn unter die Räuber. Er mußte nicht durch eine Zeit, die Hermann Kurz mit einer dürren Wüste vergleicht, und war doch nur eine Generation jünger. Freilich hatte er ein friedfertigeres, demütigeres Temperament als Schwahn, aber sein Weg ging mit derselben unbeugsamen Zielgerichtetheit voran: Er nahm Zuchthaus und Soldatenschicksal auf sich, um seines Glaubens leben zu können und mußte in fernem Land sein Leben fristen, ohne von der Heimat mit gutem Gedenken gestützt zu werden. Aber wenn ihm sein Herzenswunsch, ein Prediger zu werden, auch nicht in herkömmlicher Weise erfüllt wurde, so ist ihm doch auch Gutes widerfahren, zwar sicherlich nur tröpfchenweise, aber gepredigt hat er, mit dem Wort Gottes den Menschen zu dienen versucht. Und schließlich war sein Leben eine Predigt, auch wenn es mit einem Makel behaftet war.

Bedeutsam ist, daß sich im Schicksal Johann Jakobs das Wirken des geistesmächtigen Pfarrers Philipp Matthäus Hahn spiegelt und ein Licht geworfen wird auf innere Verfassungen der Menschen unseres Landes im 18. Jahrhundert. Die Folgen Hahn'schen Wirkens auf technischem Gebiet sind nach und nach sichtbar geworden: Waagen- und Uhrenindustrie breiteten sich aus. Dies aber gehört zu den Oberflächenbewegungen einer Zeit. Hahns Ermuntern der Gemeindeglieder und Zeitgenossen zum Gott-Suchen, zum breiten, tiefen, unverzagten Gott-Erleben aber floß ein in das »Grundwasser«, von dem her auch ein Johann Jakob gespeist wurde.

Nun, am Ende der Geschichte, hört der Chronist die Frage auf sich zukommen: Und du? Glaubst du an die Erscheinungen des Johann Jakob? Glaubst du, daß er eine Stimme hörte, die deutlich zu ihm sprach? Daß er ein Mal an die Stirn bekam und einen Tag lang nicht reden konnte? Das sind doch Dinge aus einer wundergläubigen Zeit, die nach einer Epoche der Aufklärung und Wissenschaftlichkeit nicht mehr Stich halten – also Geschichten, Einbildungen, Märchen, geeignet, einsame Stunden mit anregenden Bildern zu füllen. Glaubst du an Erscheinungen?

Die Frage ist, so am Allgemeinen hin, leicht zu beantworten: Ja, der Chronist glaubt, daß es Erscheinungen gegeben hat und gibt. In ihm ist ein Ahnen von wunderbaren Dingen, aber eben nur ein Ahnen, nichts in deutlichem Licht. Zu anderen Zeiten mögen bei einzelnen Menschen Erscheinungen wie ein Magma aus Wesenstiefen und Erleuchtungsspalten hervorgetreten oder »von oben« auf sie niedergegangen sein. Der Chronist hält also Erscheinungen für möglich; nur wenn sichtbare Zeichen, etwa ein Mal an der Stirn, hervortreten, wird er mißtrauisch und weiß nicht, was er sagen soll. In unserem Jahrhundert gab es eine Therese Neumann von Konnersreuth. Sie war überzeugt, am Leiden Christi teilhaben zu können und seine Folterung bis in Einzelheiten nachzuerleben. Sie zeigte Wundmale vor, verstummte für Zeiten wie Johann Jakob, erblindete vier Jahre lang, ohne daß organische Störungen festgestellt werden konnten. Sie hatte Visionen, sah mehrmals ein Licht, aus dem eine Stimme sprach – Wunderliches widerfuhr ihr.

Wissenschaftler sind zu dem Ergebnis gekommen: Eine menschliche Seele kann so verletzt werden, daß der Körper die Verletzung darstellen muß. Sie sagen, es handle sich um schwerste Hysterie mit teilweisen Lähmungen; es werde vom Betroffenen aus Geltungsdrang Aufmerksamkeit und Anteilnahme erzwungen. Sie sagen, es könne sich um masochistische Sexualität handeln und beobachten, daß seelisch Schwerverletzte zu den liebenswürdigsten und klarsten Menschen zählen können. Es schreibt Egon Friedell in seiner berühmten »Kulturgeschichte der Neuzeit«: »Die Hysterischen besitzen eine solche Kraft des Geistes, daß sie damit sogar die Materie kommandieren können: sie vermögen an ihrem Körper Geschwüre, Blutungen, Brandwunden hervorzurufen.«

Aber: Was ist Hysterie? Es schreibt der scharf beobachtende Georg Christoph Lichtenberg: »Mein Körper ist derjenige Teil der Welt, den meine Gedanken verändern können. Sogar eingebildete Krankheiten können wirkliche werden.« Auch Ernst Jünger hat sich mit dem Phänomen befaßt. Er meint, der »Andrang oder das Anklopfen aus dem Möglichen, dem Ungemessenen« werde zunächst wie eine Zumutung empfunden. »Der Einzelne erlebt es in stillen Stunden, in denen ihn Gedanken anfallen und zum Handeln anregen ... Wird der

146

Andrang stärker, als ob er von außen käme und zugesprochen würde, so drohen Erscheinungen.«[1] Drohen sie? Beglücken sie? Der Betroffene hat in der Regel keine Wahl, und was ihn erreicht, kommt wohl aus fernen Regionen. Erscheinungen sind vielleicht leuchtenden Nachtwolken vergleichbar, die in großer Höhe noch von der untergehenden Sonne beschienen und durch Wolkenlücken hindurch sichtbar werden.

Obwohl es Erscheinungen und das Aufsteigen von inneren Gewißheiten auf allen Feldern menschlichen Suchens und Erkennens gibt, so sind doch die meisten aus dem religiösen Bereich überliefert – ein Hinweis, daß es sich hier um das Innerste des Menschen handelt. In einem Bericht über die Blütezeit des Klosters Cluny ist zu lesen, daß die Mönche öfters Visionen hatten. Sie waren gehalten, diese umgehend dem Abt mitzuteilen, der sie aufschreiben ließ, damit sie nach und nach in die Legenden von Heiligen eingefügt werden konnten. Visionen, Erscheinungen, Erleuchtungen, Offenbarungen – so selten sind sie anscheinend bei frommen Menschen nicht. Solange sie ein Ordnungsgefüge nicht bedrohten, also zur Volksfrömmigkeit zählten und diese nur illustrierten, ja nachher zur Befestigung derselben herangezogen werden konnten, waren sie willkommen.

Bei Johann Jakob allerdings waren die Erscheinungen störend. Bußprediger haben sich wohl immer schwergetan mit dem Volk, das im Gewohnten dahinleben wollte, und schwergetan mit der Obrigkeit, die ihrem Wesen nach Ordnung aufrechterhalten will. Und schwertun mußte sich Johann Jakob mit seiner Erscheinung im evangelisch-altwürttembergischen Land, in dem seit Einführung der Reformation jegliche Pflege von Heiligenlegenden unterbunden worden war.

Mit Erscheinungen und Wundergläubigkeit ist das bis heute so eine Sache. Es liest der Chronist am 21. April 1996 in ei-

[1] Ernst Jünger: Die Schere, Klett-Cotta, 1990

ner der großen Wochenzeitungen: »An Wunder glaubt auch der Komponist aus dem Montafon. Die erstaunliche Biographie des neuen Komponistenstars ist die Geschichte einer Erweckung.« Und liest, daß es bei diesem Komponisten Augenblicke gab, in denen er nicht mehr allein war und wußte: »Du mußt bereit sein, dich führen zu lassen von dem, was mitgeteilt worden ist. Die Welt der Wunder verlangt unerbittliche Disziplin und Härte.«

Was aber hat vor über zweihundert Jahren das Aufflammen einer Erscheinung bei einem Dorfjungen an Wirkungen hervorgebracht? Nach außen haben sicher viele kundgetan, daß sie hinter dem braven Burschen so etwas nicht gesucht hätten, und mancher fügte vielleicht hinzu: Stille Wasser gründen tief. Johann Jakob war Dorfgespräch und Gegenstand von Beratungen in Amtsstuben bis hinauf zur Regierung geworden. Er wurde ins Zuchthaus gesperrt, und als er fort war, war Erleichterung zu spüren: Johann Jakob hatte Gewicht gewonnen, war zur Belastung geworden.

Bei genauerem Hinsehen ergibt sich noch anderes. Wer mit Johann Jakob zu tun hatte und sich über ihn äußerte, wurde offensichtlich von seinem Wesen angerührt. Über ihn erhob man sich zwar und urteilte, aber dann, wenn man allein war, vielleicht im Haus oder bei einem Gang aufs Feld, vielleicht im Gottesdienst, wenn Gedanken aufsteigen, oder beim Einschlafen und Aufwachen – Johann Jakob stand dann wohl manchem vor Augen: Der Johann Jakob! Seltsam.

Da ist zuerst an die Eltern und Schwestern zu denken. Ihnen war peinlich, daß der Sohn und Bruder »aus der Reihe tanzte«, kein rechter Schmied werden wollte, auf den man sich im Leben verlassen konnte. Daß er eine Erscheinung gehabt haben wollte. Daß er verrückt worden war. Von den Großeltern erfahren wir nichts. Wenn sie damals noch lebten, hatten sie vielleicht ein weiträumiges, mildes Urteil über den Enkel, hätten ihn aber sicher gern als ordentlichen Schmied gesehen. Das mit der Erscheinung konnten sie auf sich beruhen lassen.

Zu den Dorfbewohnern. Die Erwerbstüchtigen dürften Johann Jakob ohne Einschränkung für einen Spinner gehalten haben, von dem nichts Gescheites zu erwarten war, mit dem man besser nichts zu tun hatte, der nicht berechenbar war. Sie hörten sich die Neuigkeiten gerne an und waren zufrieden, daß sie keine solche Probleme hatten. Mag sein, daß bei vielen die Erinnerung an Religionsunterricht und biblische Gestalten geweckt wurde, aber das war fern und hatte weiter nichts zu sagen. Einige aber sahen sich in ihrem Christentum herausgefordert, nur war der Bursche gar so jung und im Beruf halt gar nicht tüchtig. Warum sollte gerade einer aus dem Dorf zum Predigen auserwählt worden sein? Andererseits kannte man die schöne Geschichte vom zwölfjährigen Jesus im Tempel. Es gibt eben mehr Dinge zwischen Himmel und Erde, als mit dem Verstand erfaßt werden können.

Eine besonders farbige Gruppe dürften jene gewesen sein, die aus benachbarten Dörfern gekommen waren. »Die Leute laufen zu ihm, denn der Irrtum ist bei vielen groß, daß sich der eine an diesem, der andre an jenem stößt.« Da wurden also nicht nur einfältig Fromme und im Leben zu kurz Gekommene unter seinen Anhängern vermutet, sondern auch Aufmüpfige. Einer hatte durch Johann Jakob ja ein Bekehrungserlebnis.

Da war auch der Dorfvogt Haasis, dem die Leute aufgeregt berichteten und der so rasch wie möglich den Oberamtmann informierte, weil er spürte, daß hier etwas vorging, was über seinen Verstand und seine Befugnisse hinausging. Wohl ein tüchtiger Mann, der nüchtern und besonnen blieb und Johann Jakob nicht in Gewahrsam nahm »um der Strafe willen, die über den Flecken kommen dürfte«. Da mußte höheren Orts entschieden werden, er würde sich einzurichten wissen.

Da war der neue Pfarrer, dem Johann Jakob ins Gehege kam und der sich mit ihm befassen mußte. Er wollte ihn sanft, wie eine Henne, die über den Zaun geflogen ist, einfangen und zurückbringen. Und Johann Jakob »redete so geistreich über

149

eine Viertelstunde, auch so fertig und ohne Anstand«, also wie aus einem Guß, überzeugend und sinnvoll. Es wird Johann Jakob gutgetan haben, von einem Geistlichen ernsthaft angehört zu werden und sich von innen heraus aussprechen zu dürfen.

Der Oberamtmann war verärgert über den Burschen, der ihn auf Trab brachte, und wollte ihn schlagen lassen, auch, weil er sich anders nicht zu helfen wußte. Er war aber, wie Pfarrer Hahn vermerkt, beeindruckt von der Standfestigkeit und inneren Sicherheit Johann Jakobs, ja unsicher, ob es mit der Erscheinung nicht doch etwas auf sich habe.

Und da waren Dekan, Zuchthauspfarrer, Amtsarzt und Zuchthausarzt, alles studierte und weltkundige Leute, die an Johann Jakob nichts Auffälliges oder Abartiges feststellen konnten.

Zuletzt und gewichtig gibt es die Haltung von Philipp Matthäus Hahn. Merkwürdig, er scheint – neben Zuchthauspfarrer Beckh – der einzige zu sein, der Übersicht hatte und von seinem Schüler und Konfirmanden nicht über Gebühr beeindruckt wurde. Spürte er Hohlräume, die im Johann Jakobschen Verkündigungseifer verborgen waren? Gewiß, er will helfen, sieht die Enge, in der sich Johann Jakob dreht und zu strecken versucht, sieht den Jammer des zum Scheitern verurteilten Strebens, aber gegenüber Johann Jakobs Erscheinungen und Stigmatisierung scheint er Vorbehalte gehabt zu haben, obwohl ihm Erscheinungen nicht fremd waren. Er hält den Oberamtmann für schwach, weil der in der Beurteilung der Erscheinungen unsicher war. Sah er also in Johann Jakob einen Schwärmer, der dem Glaubensleben in der Gemeinde gefährlich werden konnte? Der Gottesdienst, den er eigens hielt, weist in diese Richtung. Und konnte von Johann Jakob ein Schein des Lächerlichen auch auf ihn fallen? Gar ein Schatten auf sein Ansehen als Pfarrer, als Berufener? Er, Hahn, hatte ja soeben die Ruhmesbahn betreten und sah einen steilen Weg vor sich. Immerhin war er der Meinung: »Gott wirkt durch edle Menschen, indem es unter ihnen ebensogut Religionsgenies als mathematische und philosophische Köpfe gibt. Man muß jedem Lehrer in jedem Fach anfangs glauben, wenn man etwas lernen will, bis man selbst eine Übersicht bekommt.« Hatte ihm Johann Jakob zuviel geglaubt und predigen wollen, ohne die rechte Übersicht zu haben? Mußte er, Hahn, sich Vorwürfe machen? Johann Jakob wollte Pfarrer werden, auch weil er in Philipp Matthäus Hahn einen Menschen erlebte, der Zugang zu einem Geheimnisvollen hatte, das ihn selbst hartnäckig beschäftigte.

Gefragt werden darf auch, was denn heute aus Johann Jakob geworden wäre, diesem empfindsamen, unbeirrbar treuen Gottsucher, dem Seelenheil und Gotteskindschaft Anliegen waren, für die er Hohn und Spott auf sich nahm und ins Zuchthaus ging. Nun, heute hätte er auf dem Zweiten Bildungsweg Pfarrer werden können. Vielleicht auch wäre er Prediger bei einer Religionsgemeinschaft geworden, vielleicht aber auch Dichter, der einen eigenen Weg gehen muß, weil er in keinen Beruf, keine Schablone paßt.

In Johann Jakob hatte sich also etwas angesammelt, das über seine Person hinausging, angesammelt wie Wasser in einem Gefäß, das auf seine Stunde wartet: Wenn ein Loch entsteht, wird es hinausrinnen. Dieses Erfülltsein drang aus ihm hervor und ließ ihn die Bahn eines Predigers suchen. Sein Lebenslauf gleicht überhaupt einem Fluß: Im Verborgenen, aus Begegnungen mit der Umwelt, sinterten allerlei Vorstellungen zusammen, ergaben sich Ergriffenheiten und traten in der Erscheinung wie in einem Quelltopf zutag. Karstquelle. Und sein Leben floß durch Monate und Jahre und nahm neue Erlebnisse auf. Der erste Predigtversuch war eine Art Wasserfall, und Arrest und Zuchthaus die Klamm, in die hinein es ihn nahm und durch die er rauschend und gurgelnd hindurch mußte. Der Diebstahl der Kuh und was nachfolgte, waren weitere Abstürze, das Soldatsein der Lauf in einem Gebirgstal. Daß er da und dort predigen konnte und als Prädikant bezeichnet werden durfte, war wie eine Talausbuchtung, eine weite, lichte Verebnung. Es hat aber jedes Leben sein Gefälle, nur fällt dieses sanfter, jenes lauter und brausender, dieses im Verborgenen, Unzugänglichen, jenes bewundert. Johann Jakobs Leben brauste auf und verschwand wie in einem Wald. Gefragt werden kann bei einem Rückblick auch nach dem, was Erdenglück ist. Je nach Anlage und Erfahrung wird die Antwort verschieden ausfallen. Häufig gehört dazu, etwas gestalten zu dürfen, und bei Einzelnen ist es das Gestalten mit dem Wort, um dem Sinn des Lebens näher zu kommen. Dafür sind diese dann bereit, auf vieles zu verzichten, ja Schmerz und Entbehrung auf sich zu nehmen.

Zuletzt ist der Chronist nochmals auf den Platz vor der Kirche in O. gegangen, den alten Friedhof, wo Johann Jakob predigte. Seit damals ist alles anders geworden: Das Gotteshaus wurde abgerissen und größer aufgebaut, nur der Turm ist geblieben. Es gibt kein Rundbogenportal mehr, sondern einen Eingang mit breiter Tür und Windfang davor. Der Friedhof aber wurde hinter das Dorf verlegt, wo mehr Platz vorhanden ist. Um die Kirche her ist nur noch Rasen, aus dem sich hohe Bäume erheben. Nichts weist darauf hin, daß in der Tiefe die Gebeine von Toten ruhen. Ein Denkmal für die Gefallenen des Ersten Weltkrieges wurde hierher versetzt, weil es an seinem ursprünglichen Ort im Weg war. Die Namen auf dem Stein sind so verwittert, von Moos und Flechten überwachsen, daß sie kaum noch gelesen werden können. Von Gefallenen früherer Kriege ist nichts Sichtbares erhalten. Vorbei, verweht, erloschen am Rand zum Unendlichen. Und doch ist von Johann Jakobs Leben auf dünnem Papier eine Spur geblieben. War das Erlöschen seines Namens im Gedächtnis der Menschen wie ein Verschwinden im Erdreich, so ist nun wieder etwas sichtbar geworden, vielleicht ein Keimling, der ein eigenes Leben zu führen vermag.

LITERATURVERZEICHNIS

LOTHAR BERTSCH. Freude am Denken und Wirken. Das Leben des Pfarrers und Mechanikers Philipp Matthäus
Hahn. Verlag Ernst Franz Metzingen/Württ.

PHILIPP MATTHÄUS HAHN. Die Kornwestheimer und Ech-
terdinger Tagebücher 1772–1790. Herausgegeben von
Martin Brecht und Rudolf F. Paulus. Verlag De Gruyter.
Berlin. New York 1979.

PHILIPP MATTHÄUS HAHN. In Erwartung der Königsherr-
schaft Christi. Aus den Tagebüchern. Herausgegeben von
Rudolf Paulus und Gerhard Schäfer. Verlag Ernst Franz
Metzingen/Württ.

HERMANN KURZ. Der Sonnenwirt. Verlag Hesse & Becker.
Leipzig.

PETER LAHNSTEIN. Schwäbisches Leben in alter Zeit. Verlag
List, München.

JOHANN BAPTIST PFLUG. Erinnerungen eines Schwaben
1780–1830. Herausgegeben von Matthäus Gerster. Verlag Dr. Karl Höhn, Ulm.

AKTEN:

Hauptstaatsarchiv Stuttgart.

KIRCHENBÜCHER:

Familien- und Sterberegister, Pfarramt Albstadt-Onst-
mettingen.

BILDNACHWEIS:

Onstmettinger Kirche vor dem Umbau 1888 von Wilhelm
Keinath. Philipp-Matthäus-Hahn-Museum, Albstadt.
Foto: Werner Keinath.

Schriften über Philipp Matthäus Hahn:

WILHELM RAU

DEM TAG ENTGEGEN

Das Zeugnis Philipp Matthäus Hahns vom Königreich Jesu

96 Seiten, broschiert DM 11,80

Der Verfasser entwickelt die Grundbegriffe der Theologie Hahns, wobei er besonderes Gewicht auf deren eschatologische Zielsetzung legt: die in Christus verheißene Gegenwart und Zukunft seines Königreichs. Wilhelm Rau systematisiert die in den verschiedenen Schriften Hahns und in seinen Kornwestheimer Tagebüchern geäußerten Gedanken und trägt zum Verständnis von Hahns anliegen bei. Raus Schrift vertieft den theologische Aspekt, der in Lothar Bertschs Hahn-Lebensbild nur umrißhaft angesprochen wird.

LOTHAR BERTSCH

FREUDE AM DENKEN UND WIRKEN

Das Leben des Pfarrers und Mechanikers Philipp Matthäus Hahn

2. Auflage, 184 Seiten, Paperback DM 19,80

Das Berechenbare und das Nichtberechenbare sind die beiden Pole im Leben des Mechanikers und Pfarrers Philipp Matthäus Hahn: Als Erbauer astronomischer Uhren konstruiert er zur eigenen Arbeitserleichterung die erste für alle vier Grundrechenarten geeignete Rechenmaschine; als Theologe dringt er tief in die Geheimnisse der göttlichen Offenbarung ein, die sich – allem Bemühen entgegen – dem Berechenbaren entzieht. War Philipp Matthäus Hahn ein Pfarrer mit technischer Begabung oder ein Techniker im Pfarramt? Diese Fragestellung trifft nicht den Kern, denn gerade durch seine Doppelbegabung hat er Großes bewirkt: Als Theologe belebte er den heilsgeschichtlichen Horizont; sein Hauptthema ist die Botschaft vom kommenden Reich und von der Liebesabsicht Gottes mit den Menschen. Zugleich war er der große Anreger von Erbauungsstunden im weiten Umkreis seiner Gemeinde. Als Techniker schuf er die Grundlage für die feinmechanische Industrie auf der Zollernalb und wurde als Erbauer von Uhren und Waagen berühmt. Der Echterdinger Pfarrer Lothar Bertsch zeichnet die Lebensstationen dieses ungewöhnlichen Mannes nach; er beschreibt Hahns Leben und Denken im wesentlichen aus dessen eigenen Zeugnissen, seinen Schriften und Tagebüchern.

VERLAG ERNST FRANZ – 72555 METZINGEN

Schriften von Philipp Matthäus Hahn:

IN ERWARTUNG DER KÖNIGSHERRSCHAFT CHRISTI
Aus den Tagebüchern von Philipp Matthäus Hahn
Herausgegeben von Rudolf F. Paulus und Gerhard Schäfer
264 Seiten, gebunden DM 20,–

Das Buch bietet eine repräsentative Auswahl aus den umfangreichen Tagebüchern der Kornwestheimer und Echterdinger Jahre. Die unsystematischen Einträge der Originaltagebücher wurden für diese Ausgabe von den Herausgebern nach Themen geordnet und damit der Zugang zu ihrer Lektüre erleichtert. Dokumentiert ist nicht nur das theologische Denken Hahns, sondern auch seine Stellungnahme zu Beruf und Familie. Die Auswahl wird ergänzt durch Briefauszüge, Äußerungen Hahns zu seinem Lebenslauf und eine kurze »Erklärung des Vaterunsers«.

DIE GUTE BOTSCHAFT VOM KÖNIGREICH GOTTES
Eine Auswahl
Herausgegeben von Julius Roessle
164 Seiten, gebunden (Zeugnisse der Schwabenväter, Bd. VIII)
DM 14,80

Der Band bietet neben einer fundierten Einführung in die Theologie Philipp Matthäus Hahns Auszüge aus seinen Veröffentlichungen und den erhaltenen Predigten. Sie macht lange vergriffene Texte wieder zugänglich und ist eine Hilfe für jeden, der Hahns Theologie genauer kennenlernen möchte.

VERLAG ERNST FRANZ – 72555 METZINGEN